WAT JE WETEN MOET OVER KANKER

D1347677

Lynne McTaggart

Wat je weten moet over kanker

Lemniscaat 𝄞 Rotterdam

Voor Edith Hubbard en ter herinnering aan Olga McTaggart, twee moedige kankerpatiënten.

Iedere ziekte en iedere patiënt is uniek. Dit boek is slechts bedoeld als bron van informatie. De lezer wordt dringend verzocht om de beslissing om de behandelingen, zoals vermeld in dit boek, al dan niet te ondergaan, te nemen in samenspraak met een gekwalificeerde, ervaren arts.

©Nederlandse vertaling Jacqueline Hooftman, 2000
Omslagillustratie: *Molecules*, © Images... / Fotostock
Typografie omslag en binnenwerk: Pieter Kers
Nederlandse rechten Lemniscaat b.v. Rotterdam 2000
ISBN 90 5637 259 9
© Copyright 1997 *What Doctors Don't Tell You Limited*

Druk: Drukkerij Wilco, Amersfoort
Bindwerk: Kramer Boekbinders, Apeldoorn

Dit boek is gedrukt op milieuvriendelijk, chloorvrij gebleekt en verouderingsbestendig papier en geproduceerd in de Benelux, waardoor onnodig en milieuverontreinigend transport is vermeden.

Inhoudsopgave

Voorwoord

Kanker is ongetwijfeld een van de meest gevreesde ziekten. Alleen het woord al vervult ons met afgrijzen, alsof het een doodsvonnis betreft. Hier lijkt weinig tegen in te brengen; het is waar dat het aantal slachtoffers toeneemt. Steeds meer mensen kennen iemand in hun omgeving met een of andere vorm van kanker, en maken het gevecht dat zij leveren van dichtbij mee. Helaas kennen we ook steeds meer mensen die deze strijd verliezen. Eiste kanker aan het begin van deze eeuw het leven van één op dertig mensen, tegenwoordig wordt geschat dat de ziekte fataal is voor één op vijf kankerpatiënten. Van elke drie mensen in het Westen zal er één op een bepaald moment in zijn of haar leven kanker krijgen. En dit zal ook de oorzaak zijn dat de meesten van ons sterven.

Over kanker is feitelijk weinig bekend. We weten dat roken verantwoordelijk is voor 90% van de gevallen van longkanker bij mannen en voor 77% bij vrouwen, en dat rokers 30% meer kans hebben op kanker van de larynx. Wat de aard en mogelijke oorzaken van het merendeel van de vele tot nu toe vastgestelde vormen van kanker betreft tasten we echter in het duister. De miljarden dollars die aan onderzoek worden gespendeerd, zijn tot nu toe nauwelijks van invloed geweest op de overlevingskansen van kankerpatiënten. Er sterven meer mensen dan ooit aan solide, ingekapselde tumoren, die negentig procent van alle soorten kanker uitmaken.

Desgevraagd zal de gemiddelde oncoloog je deze in medische kringen algemeen bekende informatie niet geven. Hij zal je waarschijnlijk wel vertellen dat er met behulp van chemotherapie, nieuwe medicatie en nieuwe combinaties van behandelingen grote vooruitgang is geboekt. De beeldvorming is erop gericht om ons te doen geloven dat we de strijd tegen kanker aan het winnen zijn. Het is echter tijd dat we gaan inzien, dat we op de een of andere manier worden misleid. Neem nu chemotherapie. Welke en hoeveel medicatie we ook gebruiken, groot succes blijft uit; niet meer dan 9% van de patiënten die chemotherapeutisch worden behandeld leeft langer. Andere behandelingen, waarvan de *American Cancer Society* het effect niet bewezen acht, hebben een hoger percentage van slagen. Hiervan zijn mijn man Bryan en ik zelf getuige geweest, nadat bij onze moeders de diagnose van kanker werd gesteld. Mijn moeder, die de beste prognose had, opteerde voor conventionele radiotherapie en chemotherapie en stierf binnen vier maanden. Bryans moeder had te horen gekregen dat ze nog drie maanden te leven had. Omdat zij te laat was voor een conventionele behandeling, wendde ze zich tot de alternatieve geneeskunde. Vier jaar later is zij nog in leven en maakt het goed.

De vraag is: hoe krijg je kanker? Bestaat er werkelijk zoiets als een 'kankerpersoonlijkheid', iemand die door de manier waarop hij of zij in het leven staat een grotere kans op kanker heeft dan anderen? Of wordt kanker veroorzaakt door slechte voeding? Door chemische stoffen? Door elektromagnetische velden? Door medicijnen? Met andere woorden, door de geneeskunde zelf? De meest aannemelijke verklaring luidt, dat kanker het gevolg is van een optelsom van al deze factoren.

In dit handboek vind je een overzicht van mogelijke oorzaken van kanker en van vele manieren om de ziekte te voorkomen. Als je kanker hebt, kun je aan de hand van de uitgebreide informatie over conventionele en alternatieve behandelmethoden de route bepalen die je op weg naar genezing wilt bewandelen. Volg niet lijdzaam de orders van een arts op, maar stel gericht vragen en sta erop dat je zelf mede kunt bepalen welke therapie het beste bij je past. De methode die jij zelf kiest, of het nu gaat om chemotherapie of om een alternatieve behandeling, zal ongetwijfeld het beste resultaat opleveren. Bedenk dat de absolute voorwaarde voor genezing het vertrouwen in de behandeling is.

Dit boek is geen ode aan de alternatieve geneeskunde. Feit is echter dat conventionele methoden weinig succesvol zijn gebleken. En dat we niet weten wat alternatieve therapieën, hoe onbetrouwbaar ze ook mogen lijken, ons te bieden hebben als ze niet aan wetenschappelijke normen worden getoetst. Pas als we dit erkennen, kunnen we echt vooruitgang gaan boeken. In het belang van alle huidige en toekomstige kankerpatiënten dient elke potentiële geneeswijze op waarde te worden geschat.

Een gids die zoveel verschillende terreinen beslaat, had niet samengesteld kunnen worden zonder de hulp van vele mensen. Wij zijn dank verschuldigd aan dr. Ellen Grant, Fiona Bawdon, Simon Best, het *Bristol Cancer Help Centre*, Richard Walters, Deanne Pearson, Harald Gaier en Clive Couldwell, voor zijn regelmatige bijdragen aan de tekstuele vormgeving. Tenslotte gaat onze speciale dank uit naar Edith Hubbard, de moeder van de uitgever, aan wie dit boek is opgedragen. Haar verhaal is een inspiratiebron voor alle kankerpatiënten voor wie de conventionele geneeskunde zegt niets meer te kunnen betekenen.

Lynne McTaggart

1 Mogelijke oorzaken en preventieve maatregelen

Hoe krijg je kanker? is een vraag die niet eenduidig kan worden beantwoord. Er zijn waarschijnlijk vele factoren – emoties, omgeving, voeding, stress en medicatie – die een rol spelen en een cumulatief effect kunnen hebben. Kanker is daarom niet zozeer een ziekte die je kunt 'oplopen', maar meer een lichamelijke conditie.

We hebben allen kankercellen in ons lichaam. Immunologen hebben berekend, dat het menselijk lichaam dagelijks duizenden kankercellen produceert. Van nature beschikken we echter over een immuunsysteem dat deze kwaadaardige cellen kan herkennen en afstoten. Een gezond lichaam, zo stelt kankerpionier dr. Josef Issels, kan geen kanker ontwikkelen; alleen mensen met een slechte lichamelijke conditie of een afweersysteem dat niet naar behoren functioneert, lopen het risico dat kankercellen vrij spel krijgen. Zodra dit gebeurt, opereren ze als vijandelijke eenheden, met eigen biochemische wetten en een immunologisch schild dat hen tegen invloeden van buitenaf beschermt. Daardoor kunnen ze zich ongecontroleerd vermeerderen, terwijl ze voortdurend substanties uitscheiden die gezonde cellen in hun omgeving verzwakken. Zo zijn ze in staat om ons immuunsysteem volledig te ontwapenen.

Volgens de Amerikaanse psycholoog Lawrence LeShan bestaat er zoiets als een 'kankerpersoonlijkheid'; iemand die door zijn levensstijl en de manier waarop hij met emoties omgaat, relatief meer ontvankelijk is voor kanker. Deze stelling is gebaseerd op onderzoek uit de jaren zeventig, waarbij LeShan ontdekte dat het merendeel van de kankerpatiënten die hij interviewde een moeilijke jeugd had gehad. Velen kwamen uit gebroken gezinnen, hadden als kind al een gevoel van minderwaardigheid, waren niet in staat om hun emoties te uiten en hadden een defaitistische houding.

Niet iedereen die aan dit profiel voldoet, is echter gedoemd om kanker te krijgen. Net zo min als elke roker longkanker krijgt. Hoe moeilijk het is om risico's te bepalen, zelfs bij mensen met een genetische aanleg voor kanker, blijkt uit de medische artikelen van dr. Ian S. Fentiman, hoogleraar chirurgie van *Guy's Hospital* in Londen. In een van zijn publicaties haalt hij een retrospectieve studie aan, waarbij de onderzoekers beoogden het risico van een groep patiënten met genetische aanleg in cijfers uit te drukken. Zij voorspelden dat 76 mensen in de loop van hun leven kanker zouden krijgen. In werkelijkheid waren het er slechts 7.

Waarschijnlijk is niemand beter in staat om jouw risico van kanker te bepalen dan jijzelf. Als je weet welke ziekten in jouw familie voorkomen en over goede informatie beschikt, kun je zelf het risico van een bepaalde vorm van kanker afwegen. Preventieve maatregelen, wat betreft voeding, levensstijl en omgeving, kunnen het risico van kanker minimaliseren. In het besef dat elke mens uniek is, en dat elk geval van kanker apart moet worden bekeken, volgt hier een overzicht van mogelijke oorzaken.

Familiegeschiedenis

In hun boek *Your Family Tree Connection*[1] opperen Chris Reading en Ross Meillon dat het maken van een stamboom, vanuit het perspectief van gezondheid en ziekte, een van de beste methoden is om het risico van een bepaalde vorm van kanker te bepalen. Chris Reading is ervan overtuigd dat er een sterk genetisch verband bestaat tussen alle soorten ziekten. Als je de zwakke punten of overeenkomsten in jouw familie hebt gevonden, zo stelt hij, kun je jouw eigen gezondheid op een constructieve manier gaan beschermen en versterken.

Zelfs als er geen kanker in jouw familie voorkomt, zou een familiegeschiedenis van spijsverteringsstoornissen, borstproblemen, depressie of van auto-immuunziekten, zoals artritis of lupus, aanleiding kunnen zijn om extra aandacht te besteden aan die factoren die jouw immuunsysteem verzwakken. Reading en Meillon pleiten hoofdzakelijk voor aanpassing van voeding, aangezien hun studies hebben uitgewezen dat voedselallergie aan de basis ligt van vele van de ziekten van hun patiënten. In hun boek beschrijven zij hoe een aantal patiënten op wonderbaarlijke wijze genas nadat allergenen uit hun voeding waren gehaald.

Hoewel Reading en Meillon niet de enige wetenschappers zijn die erfelijkheid als een bepalende factor beschouwen, spreekt ander wetenschappelijk onderzoek dit voor een groot deel tegen. Zo blijkt uit een Amerikaanse studie dat de kans dat een vrouw borstkanker krijgt, omdat dit in de familie voorkomt, kleiner is dan aanvankelijk werd aangenomen. En dat 'profylactische mastectomie', oftewel het uit voorzorg amputeren van een of beide borsten, in veel gevallen een te drastische en overbodige maatregel is.

Borstamputatie bij vrouwen bij wie borstkanker in de vrouwelijke tak van de familie veel voorkomt, wordt door artsen aangeraden op grond van eerdere studies die een duidelijk verband tussen erfelijkheid en borstkanker suggereren. Onderzoek bij 117.988 vrouwen in de leeftijd van 30 tot 55 jaar heeft echter tot de volgende conclusie geleid: 'het risico dat verband houdt met het feit dat een grootmoeder, moeder of zuster borstkanker heeft of heeft gehad, is kleiner dan door eerdere retrospectieve studies wordt gesuggereerd. Over het algemeen gesproken, kan slechts 2.5% van de gevallen in deze leeftijdscategorie worden toegeschreven aan een positieve familiegeschiedenis.'

De onrustbarende conclusie van eerdere studies zou volgens de onderzoekers deels kunnen worden verklaard door 'het feit dat vrouwen met borstkanker zich meer bewust zijn van soortgelijke gevallen in hun familie en hier in vraaggesprekken teveel nadruk op leggen, terwijl patiënten uit controlegroepen zich minder bewust kunnen zijn van diagnoses van borstkanker in hun familie.'[2]

Voorbehoedsmiddelen

De pil

Sinds de introductie van de pil, bijna veertig jaar geleden, levert onderzoek naar langdurig pilgebruik steeds meer bewijzen op, die een verband met borstkanker en baarmoederhalskanker aantonen. In haar boek *The Bitter Pill*[3] wijst dr. Ellen Grant op de gevaren van de pil. Zij beschrijft dit hormoonpreparaat als 'het middel met de meest krachtige onderdrukkende invloed op het immuunsysteem dat de medische wetenschap kent.'

Al voordat de pil werd geïntroduceerd, was bij wetenschappers bekend dat oestrogenen kanker veroorzaken bij dieren. Door middel van laboratoriumexperimenten zou echter zijn aangetoond dat een combinatiepil, die oestrogenen én progestageen – een synthetisch progesteron – bevat, wel veilig is. Halverwege de jaren zestig werd gynaecologisch onderzoek voor vrouwen die de pil gebruikten echter verplicht, nadat bij een aantal jonge vrouwen *carcinoma in situ*, een vroeg stadium van baarmoederhalskanker, was ontdekt.

Volgens officiële schattingen uit die tijd had een vrouw in de leeftijd van 15 tot 24 jaar een kans van één op 100.000 op een positief uitstrijkje. Een aflevering van *World Medicine* uit 1968 bevat een artikel over twee Amerikaanse studies, waarbij een hogere incidentie van *carcinoma in situ* werd geregistreerd. In diezelfde periode concludeerde ene professor Weid uit de Verenigde Staten, in een niet gepubliceerde studie, dat het risico van baarmoederhalskanker zes keer groter was voor vrouwen die gedurende vijf jaar of langer de pil gebruikten – 1,8 in plaats van 0,3%. Deze schatting was waarschijnlijk aan de lage kant, omdat van de 40.000 vrouwen die werden onderzocht, slechts 500 na vijf jaar nog aan de pil waren.

Het verband tussen de pil en baarmoederhalskanker is nooit wetenschappelijk weerlegd, en evenmin reden gebleken om deze vorm van anticonceptie voor vrouwen af te raden. Artsen beschouwen de kans op baarmoederhalskanker algemeen als een aanvaardbaar risico, terwijl zij ervan uitgaan dat vrouwen die de pil gebruiken zich regelmatig gynaecologisch laten onderzoeken. *Carcinoma in situ* zou, door middel van een vaginaal uitstrijkje, in een vroeg stadium kunnen worden opgespoord.

Hoewel de eerste tien jaar na de introductie van de pil niet meer dan 10% van de ongetrouwde jonge vrouwen dit anticonceptiemiddel gebruikte, vormde deze groep begin jaren tachtig de meerderheid van de pilgebruiksters. Onderzoeksstatistieken van het *Margaret Pyke Centre* in Londen, de grootste kliniek voor gezinsplanning in Europa, wijzen uit, dat één op de 25 vrouwen die de kliniek bezochten een positief uitstrijkje had. Als bij de mannelijke partner genitale wratten voorkwamen, als gevolg van het seksueel overdraagbare papilloma virus type 16, was de uitslag van het vaginaal uitstrijkje bij 80% van de vrouwen een indicatie voor ontwikkeling van baarmoederhalskanker. Tevens was er sprake van een sterke toename van andere ernstige gynaecologische afwijkingen.

Tijdens een bijeenkomst van de *Women's National Cancer Control Campaign* in juni 1985, maakte dr. Albert Singer bekend dat een ongeneeslijk type baarmoederhalskanker epidemische vormen aannam. Patiënten die jonger waren dan 24 jaar, hadden 72% kans om nog hooguit drie jaar te leven. Momenteel sterft, in de leeftijdscategorie tot 40 jaar, de helft van de patiënten bij wie baarmoederhalskanker is geconstateerd binnen een termijn van vijf jaar. Eveneens in 1985 rapporteerde de Wereldgezondheidsorganisatie (WHO), naar aanleiding van onderzoek in acht ontwikkelingslanden, dat het aantal gevallen van baarmoederhalskanker toenam naarmate vrouwen langer de pil gebruikten.

Langdurig gebruik van de pil, zo blijkt uit Amerikaans onderzoek onder leiding van professor Malcolm Pike [4], leidt tevens tot verhoging van de kans op borstkanker. Vrouwen die, voordat zij 25 jaar zijn, al zes jaar of langer de pil gebruiken, zouden 4 tot 5 keer meer risico lopen dan vrouwen die de pil niet gebruiken. Met name een pil die veel progestageen bevat, zou gevaarlijk zijn. Deze conclusie bevestigt de onderzoeksresultaten van twee eerdere studies, die eveneens hebben uitgewezen dat jonge vrouwen die voor hun 25e, of voor hun eerste voldragen zwangerschap, met de pil beginnen, een verhoogde kans op borstkanker hebben en dat dit risico groter wordt naarmate zij de pil langer gebruiken.

Het Nederlands Kankerinstituut heeft bij onderzoek vastgesteld dat van 918 vrouwen, bij wie voor hun 36e jaar borstkanker werd geconstateerd, 97% de pil had gebruikt. Voor degenen die de pil al slikten voordat zij 20 jaar waren, was het risico van borstkanker 3,5 keer groter dan voor vrouwen die later met de pil begonnen. Hoe langer vrouwen de pil gebruiken, des te groter is het risico van kanker, zo bleek ook uit deze studie. Dit geldt voor zowel de jongere als de oudere pilgebruiksters. Uit deze studie is gebleken dat vrouwen van 36 tot 45 jaar, die minder dan vier jaar de pil gebruiken, 1,4 keer meer kans op borstkanker hebben dan niet-gebruikers.. Dit risico neemt toe naarmate de pil langer wordt gebruikt. Als tevens synthetische oestrogenen of andere hormoonpreparaten worden ingenomen tegen overgangsklachten, is er volgens Klim McPherson, epidemioloog van de *London School of Tropical Medicine*, sprake van een risicoverhoging van 3,5. Naar schatting heeft een op de vier vrouwen die op jonge leeftijd met de pil begint een verhoogde kans om in de loop van haar leven een knobbeltje in de borst te ontdekken, dat kwaadaardig blijkt te zijn.

Depo-Provera
Het hormoonpreparaat Depo-Provera, dat door middel van injecties wordt toegediend, heeft bij vrouwen die dit voorbehoedmiddel gebruiken de voorkeur, omdat het een langdurige werking heeft. Aangezien dit middel progesteron bevat, dat in verband is gebracht met borstkanker, zijn vele landen terughoudend geweest met het verstrekken van een vergunning. In de Verenigde Staten is Depo-Provera goedgekeurd op grond van twee studies, een uit Nieuw Zeeland en een van de Wereldgezondheidsorganisatie (WHO), die tot de conclusie hebben geleid dat het voorbehoedsmiddel veilig is.

Nauwkeurige analyse van de onderzoeksgegevens laat echter zien dat met name gedurende de eerste paar jaar van gebruik een relatief grote kans op borstkanker bestaat. Binnen een termijn van vijf jaar is dit risico zelfs twee keer zo groot. Pas wanneer Depo-Provera langer wordt gebruikt, wordt het risico minder en is uiteindelijk ongeveer even groot als voor vrouwen die dit hormoonpreparaat niet gebruiken. Op grond van dit laatste gegeven heeft de Amerikaanse *Food and Drug Administration* een licentie voor Depo-Provera verstrekt.

De hormooninjecties verhogen de kans op het ontstaan van tumoren in de borst en kunnen uitzaaiingen bevorderen, zo wordt in wetenschappelijke kringen aangenomen. Als dit waar is, heeft Depo-Provera een veel grotere invloed op de hormoonhuishouding dan artsen tot nu toe aannemen. Een enkele injectie voorkomt niet alleen dat je zwanger wordt, maar maakt je tevens gedurende vijf jaar meer ontvankelijk voor borstkanker.[5]

Condooms

Door middel van *Vrij veilig*-campagnes maakt de overheid jongeren attent op de gevaren van Aids en seksueel overdraagbare aandoeningen, maar er wordt niet gewezen op de gevaren van het voorbehoedsmiddel dat hen tegen besmetting moet beschermen. Condooms – ook die met een keurmerk – kunnen kanker veroorzaken bij vrouwen en hen tevens onvruchtbaar maken, zo blijkt uit onderzoek.

De boosdoener is niet zozeer het condoom zelf, maar het talkpoeder dat bij de productie van latex wordt gebruikt. Al meer dan dertig jaar is van talk bekend, dat het een schadelijke invloed heeft op de menselijke huid. Het dragen van latex handschoenen kan bij chirurgen tot allergische reacties leiden, terwijl diezelfde handschoenen bij de patiënten die zij opereren verkleving van weefsel kan veroorzaken, zo blijkt uit onderzoek van onder meer de *Cleveland Clinic Foundation*. Dit gevaar is door de *Food and Drug Administration* erkend, wat tot een verbod op het gebruik van talk bij de productie van medische attributen heeft geleid. Fabrikanten van condooms gebruiken echter nog wel talk – hoewel een aantal inmiddels op siliconen en fijn maïsmeel is overgestapt. Talk wordt ook gebruikt als droog glijmiddel op het oppervlak van het condoom.

Nadat een arts in de buikholte van een vrouw een aanzienlijke hoeveelheid talk had aangetroffen, dat qua structuur overeenkwam met de talk van de condooms die zij en haar man gebruikten, heeft onderzoek uitgewezen dat talk via de eileiders bij het buikvlies terecht kan komen, terwijl het onderweg mogelijk verstoppingen veroorzaakt en tot onvruchtbaarheid kan leiden. Latere studies wijzen op een verhoogde kans op kanker, aangezien bij vrouwen met kanker van de eierstokken, eileiders, baarmoeder en urinewegen talk is aangetroffen op de plaats van de tumoren. Condoomgebruik wordt met name in verband gebracht met een verhoogde kans op eierstokkanker. Vermoedelijk geldt dit ook voor het pessarium, waarvan het oppervlak eveneens met talk is bepoederd.

Tegenover het *Journal of American Medical Assistents*, hebben Candace Kasper en P.J. Chandler uit Dallas, Texas, de vrees uitgesproken dat er de komende jaren een uitbarsting zal plaatsvinden van eierstokkanker. Zij dringen er bij fabrikanten van condooms op aan het gebruik van talk te staken.[6]

Hormoonbehandelingen

Naarmate er meer bewijzen worden gepresenteerd voor kankerverwekkende eigenschappen van de pil, is ook twijfel gerezen over andere door de medische wetenschap ontwikkelde technieken die van invloed zijn op het hormonale evenwicht van het lichaam.

Medicatie voor vruchtbaarheidsproblemen

Lukt het niet om zwanger te worden, vraag je arts dan niet meteen om medicijnen, aangezien deze een belangrijke rol blijken te spelen bij het ontstaan van borstkanker en kanker van de eierstokken. Bedenk dat het voor een vrouw gemiddeld 6 maanden duurt om zwanger te worden, en dat als je langer op een kind moet wachten, er sprake kan zijn van verborgen infecties, allergieën of problemen met de stofwisseling. Ook de conditie van het spijsverteringssysteem speelt een belangrijke rol bij vruchtbaarheidsproblemen, evenals de voeding die je gebruikt. Onderzoek bij 418 paren die ongewenst kinderloos waren en op doktersadvies een speciaal voedingsprogramma volgden, heeft uitgewezen dat 81% van hen een gezonde baby kreeg.

In de Verenigde Staten, waar sinds de introductie van *fertility drugs* in de jaren zestig tenminste 12,5 miljoen kuren zijn voorgeschreven, zijn de fabrikanten van deze middelen sinds 1993 verplicht eventuele risico's van kanker bekend te maken. Zo kun je in de bijsluiter van *clomiphene citrate* (Clomid) en van *menothrophine* lezen, dat deze medicijnen het risico van eierstokkanker verhogen – naast dat van andere lichamelijke klachten. De meldingsplicht is door de Amerikaanse *Food and Drug Administration* ingevoerd naar aanleiding van het evaluatierapport van de *Collaborative Ovarian Cancer Group* van de *Stanford University*, die de resultaten van twaalf studies naar mogelijke oorzaken van eierstokkanker met elkaar heeft vergeleken. De onderzoekers ontdekten, dat het gevaar van eierstokkanker voor vrouwen met vruchtbaarheidsproblemen als gevolg van medicijngebruik drie keer groter was dan normaal, en dat minder vruchtbare vrouwen die geen medicijnen innamen, niet een verhoogd risico van kanker hadden.[7]

Op de lijst van veel voorkomende vormen van kanker bij vrouwen neemt eierstokkanker de vijfde plaats in. Als een vrouw ouder is dan 50 jaar, loopt zij naar verhouding meer risico, met name als zij nooit kinderen heeft gebaard. Duidelijker gezegd, als een vrouw kinderloos blijft, neemt het gevaar van eierstokkanker na haar 50e tot drie keer toe, en verdrievoudigt nog eens als zij in jongere jaren tevergeefs medicijnen voor vruchtbaarheidsproblemen heeft ingenomen. In de meeste gevallen wordt de diagnose pas bij een gevorderd stadium van de kanker gesteld, waardoor een behandeling voor veel vrouwen te laat komt. Gevreesd wordt dat het aantal slachtoffers de komende jaren aanmerkelijk toeneemt, aangezien de vrouwen die deze medicijnen in de jaren zestig als eersten gebruikten, nu begin vijftig zijn.

Eierstokkanker kan, in theorie, op twee manieren worden veroorzaakt. De eerste luidt, dat het oppervlak van een eierstok bij elke eisprong wordt beschadigd, hetgeen op den duur aanleiding zou kunnen zijn voor het ontstaan van kanker. Medicijnen die de ovulatie stimuleren, zouden derhalve het risico van kanker kunnen verhogen. Volgens Amerikaans onderzoek hebben vrouwen, bij wie naar verhouding minder vaak een eisprong plaatsheeft – door meerdere zwangerschappen en het geven van borstvoeding, of gebruik van de anticonceptiepil – minder kans op eierstokkanker. Met andere woorden, hoe langer het duurt voordat de voorraad eicellen is opgebruikt en je in de overgang komt, des te kleiner zou het risico van kanker zijn. De tweede theorie luidt, dat de specifieke medicijnen, *clomiphene* in het bijzonder, de slijmproductie van de geslachtsklieren stimuleren, hetgeen een rol zou kunnen spelen bij de ontwikkeling van kanker.

Een onderzoek naar het effect van *clomiphene* heeft uitgewezen, dat vrouwen die het middel gebruiken een verhoogd risico van eierstokkanker hebben, ook als er niet eerder afwijkingen aan de eierstokken zijn geconstateerd. Het aantal vrouwen met snelgroeiende tumoren of voorstadia van eierstokkanker bleek 2,5 keer groter dan normaal. De ontwikkeling van tumoren, zo laten de onderzoeksresultaten zien, hangt voor een groot deel samen met de duur van het medicijngebruik. In het geval van *clomiphene*, leidt het gebruik pas na twaalf menstruatiecycli tot een aanzienlijke toename van het risico van kanker.[8]

Als je zwanger wilt worden, laat je dan eerst onderzoeken op geslachtsziekten – chlamydia is een veel voorkomende oorzaak van onvruchtbaarheid bij vrouwen - en op schimmelinfecties. Vraag eveneens om een allergietest, en laat je spijsvertering controleren. Neem vervolgens 6 maanden de tijd om in topconditie te komen, alvorens je met de anticonceptie stopt. In die periode kun je in overleg met een arts, bij voorkeur iemand die ervaring heeft met preconceptuele zorg, vaststellen of je de juiste voeding gebruikt en eventueel een dieet, inclusief voedingssupplementen, samenstellen. Als er al sprake was van een vruchtbaarheidsprobleem, zal in een aantal gevallen na ongeveer een jaar blijken dat medicatie niet meer nodig is.

In-vitro-fertilisatie (IVF)
In-vitro-fertilisatie (IVF), oftewel reageerbuisbevruchting, is een optie voor stellen van wie de kinderwens niet kan worden vervuld, omdat de man te weinig zaadcellen heeft voor een natuurlijke bevruchting. Gedurende de eerste twee weken van de behandeling, krijgt de vrouw hormooninjecties toegediend, om rijping van eiblaasjes te stimuleren. Vervolgens worden middels een punctie meerdere eitjes verwijderd en kunstmatig in een reageerbuis bevrucht, om tenslotte als embryo's in de baarmoeder te worden teruggeplaatst.

Volgens dr. P. Kastrop, embryoloog van het Academisch Ziekenhuis in Utrecht, kan de hormoonhuishouding van een vrouw door de hormoonpreparaten behoorlijk uit evenwicht raken. Dit kan vochtophoping in de buik tot gevolg hebben en een enkele keer tot een ziekenhuisopname leiden. Wat de gevolgen op de lange termijn zijn, is tot nu toe niet bekend. Nog onvolledige studies wijzen op een verhoogd risico van kanker van de baarmoeder, eierstokken en borsten, maar aan de uitkomsten van dit onderzoek kunnen geen algemene conclusies worden verbonden.

Hormone Replacement Therapy (HRT)
Volgens de strikt medische definitie betekent menopauze simpelweg het

einde van de menstruatie, maar vrouwen ervaren de overgang op veel meer en soms beangstigende manieren. Stemmingswisselingen en lichamelijke klachten, zoals osteoporose – botontkalking – en een slechte conditie van huid en haar, kunnen in veel gevallen worden verholpen door middel van *Hormone Replacement Therapy* (HRT), oftewel een hormoonbehandeling. De laatste jaren zijn steeds meer vrouwen van middelbare leeftijd op aanraden van hun arts HRT gaan gebruiken. Drie grootschalige vergelijkende studies van onderzoek naar de effecten van HRT hebben echter uitgewezen dat deze medicatie het risico van borstkanker met 60% verhoogt.

Als een vrouw uitsluitend synthetisch oestrogeen inneemt, zo was reeds bekend, wordt de kans op kanker van het baarmoederslijmvlies maximaal twintig keer verhoogd. Dit komt doordat oestrogenen een snelle vermenigvuldiging van de cellen van het baarmoederslijmvlies veroorzaken, net zoals tijdens de zwangerschap gebeurt. Dit risico kan na beëindiging van HRT nog 5 jaar blijven bestaan.

Om de kans op kanker van het baarmoederslijmvlies te beperken, krijgen vrouwen met overgangsklachten behalve HRT in veel gevallen het hormoon progestageen, gedurende 10 tot 12 dagen per maand, om de tweede helft van de menstruatiecyclus te imiteren en kunstmatig bloeding op te wekken. Bij vrouwen die uitsluitend HRT-implantaten krijgen, zo hebben onderzoekers van de *Menopause Clinic* van de Londense *King's College School of Medicine and Dentistry* ontdekt, blijven de cellen van het baarmoederslijmvlies zich na het beëindigen van de behandeling nog gemiddeld twee jaar vermenigvuldigen.[9] Dit betekent dat je, om het risico van kanker zo klein mogelijk te houden, gedurende twee jaar of langer nadat het oestrogeen is uitgewerkt oraal progestageen zou moeten innemen. Dit is geen ideale oplossing, aangezien elk synthetisch hormoonpreparaat risico's met zich meebrengt. Zo leidt het gebruik van de pil in jongere jaren in combinatie met HRT tijdens de overgang, tot verhoging van het risico van borstkanker voor oudere vrouwen.

Onderzoek bij 6854 vrouwelijke 65-plussers naar de conditie van het beendergestel, heeft uitgewezen dat vrouwen, wier botten naar verhouding het minst poreus zijn, over het algemeen het meeste risico van borstkanker lopen. De verklaring hiervoor is simpel: langdurig gebruik van oestrogeen en progestageen, zoals bij HRT en de pil, bevordert de hardheid van het beendergestel. Dit wil echter niet zeggen, zoals de onderzoekers suggereren, dat sterke of zwakke botten een indicatie zijn voor de kans op borstkanker; in werkelijkheid wordt dit risico bepaald door het gebruik van hormonen. Deze studie van de *University of Pittsburgh* heeft niettemin tot de conclusie geleid dat vrouwen goed moeten nadenken voordat ze HRT gaan volgen voor iets anders dan osteoporose.[10] Ook in dit geval wordt het positieve effect van HRT echter in twijfel getrokken. Overigens, de conditie van botten houdt behalve met hormonen ook verband met het insulineniveau.

Tenslotte kan HRT een vrouw, in plaats van haar hiertegen te beschermen, ontvankelijk maken voor hartkwalen. Dit blijkt uit onderzoek bij Italiaanse vrouwen, dat eveneens heeft uitgewezen dat de kans op borstkanker 1.46 keer toenam als HRT gedurende 15 tot 20 jaar werd gebruikt. Tegelijkertijd nam het risico van een hartkwaal na 5 jaar 0.88 keer toe.[11]

Diethylstilbestrol (DES)
Vlak na de Tweede Wereldoorlog is een hormoonpreparaat geïntroduceerd, waarvan werd gezegd dat het een miskraam kon voorkomen bij vrouwen uit een risicogroep. Van dit synthetisch oestrogeen, dat onder meer geregistreerd is als *diethylstilbestrol* (DES), was begin jaren zestig al bekend dat het niet effectief is – ondanks een toename van het aantal geboorten. En dat dit 'medicijn' kanker kan veroorzaken bij de dochters van vrouwen die het gebruiken. Niettemin is DES sindsdien nog aan duizenden zwangere vrouwen voorgeschreven, totdat het middel in 1971 in Amerika en in 1978 in Europa werd verboden.

Hoewel de invloed van het hormoonpreparaat bij mannen gering is, hebben DES-dochters een verhoogde kans op een miskraam, vroeggeboorte, onvruchtbaarheid en een zeldzaam soort baarmoederhalskanker. Met name vrouwen van 18 tot 23 jaar, die nog niet zwanger zijn geweest, hebben een relatief hoge kans op baarmoederhalskanker. Onderzoek[12] heeft uitgewezen dat DES-dochters tevens meer risico van borstkanker lopen, net als hun moeders. Een team van de *Boston Uni-*

versity School of Public Health onderzocht 3029 vrouwen die DES hadden gebruikt, en stelde bij 185 vrouwen, oftewel ruim 6%, borstkanker vast. De controlegroep van eveneens 3029 vrouwen die het middel niet gebruikten, telde 140 vrouwen met borstkanker, een verschil van 1,5%. 'In 100.000 levensjaren van een vrouw manifesteert borstkanker zich 172,3 keer als gevolg van DES en 134,1 keer naar aanleiding van andere factoren,' zo concludeerden de onderzoekers, die niet konden bevestigen dat het risico na verloop van tijd toeneemt, zoals wordt gesuggereerd. DES is een van de weinige externe factoren, waarvan erkend is dat ze het risico van borstkanker bij vrouwen vergroten; de andere twee zijn alcohol en geïoniseerde straling.

Aanvankelijk werd aangenomen dat de dochters van deze vrouwen een miskraam, vroeggeboorte en baarmoederhalskanker riskeren, maar dat de kans op borstkanker niet van moeder op dochter wordt overgedragen. Deze visie is herzien sinds bij twee DES-dochters, in de leeftijd van 28 en 34 jaar, borstkanker is vastgesteld. Zelfs kleindochters hebben een relatief grotere kans op borstkanker, zo blijkt uit en recente studie van het Britse *National Institute of Environmental Health Sciences*. 'Het lijkt erop dat we nu, naarmate DES-dochters ouder worden, een beeld gaan krijgen van de volle omvang van het probleem,' zo schrijven artsen in een brief aan *The Lancet*.[13]

Groeihormonen

Het zijn niet alleen vrouwen die door medische inmenging in de hormoonhuishouding risico van kanker lopen. De zonen van vrouwen die tijdens de zwangerschap groeihormonen gebruiken, hebben als zij volwassen zijn een grotere kans op prostaatkanker. Zweedse onderzoekers hebben dit ontdekt toen zij de geboortegegevens van 250 mannen met prostaatkanker vergeleken met de gegevens van 691 andere mannen, van wie er 80 aan prostaatkanker overleden. Hieruit bleek dat degenen die na een voldragen zwangerschap werden geboren, met een hoog geboortegewicht en een meer dan gemiddelde lengte, de grootste kans op kanker hadden. Daarentegen hadden degenen die te vroeg waren geboren, of van wie de moeder een gecompliceerde zwangerschap had gehad, een veel kleinere kans op prostaatkanker. Hoewel dit onderzoek geen directe bewijzen voor het gebruik van groeihormonen heeft opgeleverd, gaan de wetenschappers ervan uit dat de gegevens eerdere veronderstellingen staven, dat er een verband bestaat tussen hormonen en prostaatkanker.[14]

Stralingtherapie
Röntgenstraling
Het is een mythe dat röntgenonderzoek niet gevaarlijk is. Alle straling is schadelijk, en het lichaam 'vergeet' nooit dat het aan straling is blootgesteld. Laat daarom nooit 'voor de zekerheid' röntgenfoto's nemen, maar alleen in extreme, levensbedreigende situaties. Dit geldt met name voor zwangere vrouwen, aangezien het ongeboren kind extra ontvankelijk is voor straling. Ook routinefoto's van het gebit kun je beter vermijden, omdat deze vaak worden genomen door personeel dat hiervoor niet is getraind.

Elk jaar sterven in Engeland 250 – van de in totaal 160.000 – mensen aan een of ander vorm van kanker die verband houdt met blootstelling aan röntgenstraling, als gevolg van het routinematig of uit voorzorg nemen van röntgenfoto's, hetgeen derhalve voorkomen had kunnen worden. Dit is de stellige overtuiging van het *Royal College of Radiologists* en de *National Radiological Protection Board*, die een aantal nieuwe richtlijnen hebben opgesteld, om de blootstelling aan straling te halveren, zonder dat de kwaliteit van de zorg wordt aangetast. Volgens het onderzoeksrapport van de radiologen is ongeveer een vijfde van alle röntgenfoto's overbodig. Met name röntgenfoto's van de borstkas, voor het vaststellen van de oorzaak van pijn in de onderrug en mammogrammen, oftewel borstfoto's, bij vrouwen die jonger zijn dan 50 jaar, zouden weinig nut hebben.

Het hoge percentage borstkanker in de Verenigde Staten is, volgens John Gofman, een vooraanstaande Amerikaanse expert op het gebied van moleculaire biologie, te wijten aan het liberale gebruik van röntgenstralen in de moderne geneeskunde. Hij wijst erop dat een groot aantal vrouwen aan hoge doses straling is blootgesteld, nog voordat de kankerverwekkende effecten van straling zijn onderkend. Op grond van uitgebreid onderzoek, schat Gofman dat 75% van de 182.000 gevallen van borstkanker die jaarlijks in de Verenigde Staten worden geregistreerd te wijten is aan röntgenfoto's. Deze conclusie is van de hand gewezen door kankerspecialisten, die vrezen dat vrouwen uit angst voor kanker afzien van borstfoto's, aan de hand waarvan deze artsen veronderstellen borstkanker in een vroeg stadium te kunnen opsporen.

John Gofman, die als hoogleraar is verbonden aan de Universiteit van Californië, heeft medisch onderzoek bestudeerd tot aan 1910. Sinds het schrijven van zijn boek *Preventing Breast Cancer* heeft hij zijn conclusies herzien. In plaats van 75, zou maar liefst 90% van de geregistreerde gevallen van borstkanker verband houden met röntgenfoto's. Stralingstherapie, zo licht hij toe, was lange tijd een veel gebruikte methode voor het behandelen van diverse aandoeningen, variërend van longontsteking tot acne en haaruitval. Hij schat dat de borsten van vrouwen gedurende hun leven jaarlijks 0,4 rad, oftewel 0,4 eenheid van geabsorbeerde radioactieve straling, opvangen. Dr. Gofman: 'Vergelijken we deze dosis met het niveau van radioactieve straling waaraan de overlevenden van de atoombom op Hiroshima zijn blootgesteld, dan kunnen 114.000 vrouwen, oftewel 62% van het totaal aantal slachtoffers per jaar, met recht zeggen dat hun kwaadaardige aandoening te wijten is aan röntgenstraling.'[15]

De conclusies van dr. Gofman zijn in 1995 verworpen door het Amerikaanse *National Cancer Institute,* dat onderzoek naar stralingseffecten heeft gedaan bij radiologen en hun assistenten. Het dagelijks werk van deze mensen zou voor hen geen extra gevaar van kanker opleveren.[16] Vier jaar eerder stelde ditzelfde instituut echter vast dat er een verband bestaat tussen röntgenfoto's en multiple myeloma, een vorm van botkanker.[17] Bestudering van 25.000 foto's heeft tot de conclusie geleid dat er bij mensen met myeloma 'consistent bewijs is voor de samenhang tussen een toename van celwoekering en de hoeveelheid straling waaraan de patiënten worden blootgesteld, ongeacht de tijdsinterval. Degenen bij wie het meest frequent foto's worden genomen, lopen het grootste risico, tot wel vier keer zoveel.'

Eveneens in 1991, meldde de Amerikaanse *National Academy of Science* dat schattingen van een levenslang risico op kanker na een relatief lage doses straling vier keer groter kunnen zijn dan eerder werd aangenomen.[18] De Britse tegenhanger van deze academie huldigt de opvatting dat röntgenfoto's verantwoordelijk zijn voor 4% van leukemie en 8% van alle andere vormen van kanker.

In *Health Shock*[19] beweert auteur M. Weitz dat de röntgenstraling waaraan ongeveer een kwart van alle zwangere vrouwen gedurende de jaren vijftig en zestig is blootgesteld 'tussen vijf en tien procent van alle kanker bij kinderen in de Verenigde Staten en West-Europa heeft veroorzaakt'. De gevolgen van straling bij foetussen zijn goed gedocumenteerd.[20] Als zij eenmaal geboren zijn, blijven kinderen een verhoogd risico houden. In *Medicine on Trial*[21] beweren John Gofman en Egan O'Connor dat 'een pasgeboren kind 300 keer gevoeliger is dan iemand van 55 jaar voor opwekking van kanker door straling.' Zij voegden hieraan toe dat '5 jaar oude kinderen ongeveer 5 keer meer kans hebben om later kanker te krijgen die door straling is opgewekt dan een volwassene die aan dezelfde doses straling wordt blootgesteld op de leeftijd van 35 jaar.'

Ultraviolette A-straling (PUVA)

Psoriasis – een huidziekte, waarbij zich verhoornde huidschilfers vormen – wordt in veel gevallen behandeld met behulp van ultraviolette A-straling. Deze therapie houdt echter het risico in dat de huidaandoening wordt verruild voor een andere, veel ernstigere huidziekte. Na 250 behandelingen is het risico van huidkanker 9 keer groter dan aan het begin van de therapie.

Naarmate de duur en de frequentie van de behandelingen toeneemt, bestaat er een groter risico van kanker. Gedurende de eerste 15 jaar lijken patiënten niet meer kans op een kwaadaardig melanoom te hebben dan de rest van de bevolking, maar nadien stijgen de risico's schrikbarend, te weten 5,4 keer in de volgende 5 jaar.

Onderzoekers van de *Harvard Medical School* hebben 1380 psoriasispatiënten opgespoord, die in 1975 en 1976 voor het eerst werden bestraald. De zogenaamde *psoralen plus ultraviolet A radiation*, kortweg PUVA-behandeling, is sinds de introductie in het midden van de jaren zeventig een veel gebruikte methode bij ernstige psoriasis. Hoewel het risico van kanker destijds al bekend was, werd dit in verband gebracht met huidtype, de hoeveelheid straling en eerdere behandelingen die mogelijk tot kanker kunnen leiden. Middels het onderzoek van de *Harvard Medical School* is voor het eerst aangetoond dat het risico van kanker na verloop van tijd toeneemt. In een begeleidend artikel, stelt Klaus Wolff van de Universiteit van Wenen dat artsen beëindiging van de PUVA-behandeling dienen te overwegen, aangezien de dood van een enkele patiënt met melanomen zwaarder weegt dan het voordeel dat met deze therapie kan worden behaald. En hij raadt hun aan patiënten goed in de gaten te houden, niet alleen als de behandeling wordt voorgezet, maar ook daarna, gedurende de rest van hun leven.[22]

Chirurgie
Borstoperaties
Hoewel chirurgie doorgaans als eerste optie wordt genoemd voor de behandeling van kanker, lijkt een operatie het risico van verspreiding van kankercellen in te houden. Zo zouden uitzaaiingen van borstkanker, binnen drie jaar na een operatie, volgens de Britse kankerspecialist Michael Baum te maken hebben met de ingreep. Zelfs als zij de eerste 3 jaar hebben overleefd, kunnen patiënten nog niet genezen worden verklaard, zegt dr. Baum, die in het *Royal Marsden Hospital* in Londen bij meerdere vrouwen, jaren na hun operatie, mogelijk fatale uitzaaiingen heeft geconstateerd. Hiermee weerlegt hij de heersende opvatting, dat borstkanker zich in een constant tempo ontwikkelt.[23]

Sterilisatie
Niet alleen bij vrouwen, ook bij mannen blijkt gefrutsel aan het voortplantingssysteem, behalve de gewenste onvruchtbaarheid, ernstige consequenties te hebben. Mannen die zich laten steriliseren dienen rekening te houden met een toename van de kans op prostaatkanker, zo blijkt uit tweevoudig Amerikaans onderzoek bij meer dan 73.000 mannen.[24] De risicoverhoging zou te maken hebben met het feit dat mannen na sterilisatie minder prostaatvloeistof uitscheiden. Mogelijk zou ook het immuunsysteem door de ingreep uit evenwicht raken, waar-

door het lichaam minder goed in staat is om zich tegen kanker te beschermen. De kans dat prostaatkanker zich in de eerste jaren na sterilisatie openbaart is niet zo groot, maar wel op latere leeftijd.

Transplantaties
Beenmergtransplantatie, voor de behandeling van leukemie en andere kwaadaardige ziekten, kan niet alleen kanker helpen genezen, maar ook nieuwe vormen van kanker veroorzaken. Mensen die dankzij beenmergtransplantatie nog minstens tien jaar leven, lopen 8,3 keer meer dan gemiddeld risico van kanker. Over het algemeen geldt, dat hoe jonger de patiënt is tijdens een transplantatie, hoe groter de kans is dat hij in de loop van zijn leven kanker krijgt. Het grootste risico hebben kinderen die voor hun tiende levensjaar een beenmergtransplantatie ondergaan.

Het ontstaan van kanker houdt met name verband met de hoeveelheid straling waaraan de patiënten voorafgaand aan de transplantatie worden blootgesteld, zo veronderstellen onderzoekers van het Amerikaanse *National Cancer Institute,* die de medische gegevens hebben bestudeerd van 19.229 patiënten die tussen 1964 en 1992 een beenmergtransplantatie hebben ondergaan. In plaats van de volgens de kankerstatistieken te verwachten 29,8 mensen, bleken er 80 aan een nieuwe vorm van kanker te lijden.[25]

Medicijnen
De gezondheidsstatistieken worden door het gebruik van medicijnen zowel positief als negatief beïnvloed. Recentelijk zijn de kankerverwekkende eigenschappen van een aantal medicijnen wetenschappelijk bewezen.

Het gevaar van medicatie tegen een hoog cholesterolgehalte
Als je cholesterolverlagende medicijnen inneemt, loop je een groot risico van kanker. Elke dokter zou dit moeten weten, aangezien de medische pers verscheidene onderzoeken heeft gepubliceerd die op de gevaren van deze medicatie wijzen. Wetenschappers van de Universiteit van

Californië hebben gegevens uit *The Physicians Desk Reference*, de medicijngids die op het bureau van elke Amerikaanse arts ligt, opnieuw geanalyseerd en ontdekt dat er een onweerlegbaar verband bestaat tussen de meest populaire cholesterolverlagende medicijnen en kanker.

De kankerverwekkende eigenschappen van de medicatie zijn aangetoond door middel van proeven bij knaagdieren. Met name langdurig gebruik zou een groot risico opleveren, hetgeen een verontrustende ontdekking is, aangezien deze medicatie wereldwijd aan miljoenen mensen wordt voorgeschreven. De laatste 10 jaar is het gebruik van cholesterolverlagende medicijnen vertienvoudigd. Alleen al in de Verenigde Staten worden jaarlijks meer dan twintig miljoen recepten uitgeschreven.

De Californische onderzoekers dr. Thomas Newman en Stephen Hulley vrezen dat de moderne geneeskunde in feite een kankertijdbom ontwikkelt, die over ongeveer 30 jaar een vernietigende uitwerking zal hebben. Desondanks concluderen de onderzoekers dat mensen met een extreem hoog cholesterolgehalte, met name mannen, geen andere keuze hebben. Zij zouden de medicatie echter niet langer dan 5 jaar achtereen mogen gebruiken. Mensen die geen ernstig gevaar lopen op een verhoogd cholesterolgehalte, dienen de medicijnen volgens de onderzoekers te mijden, met name als zij een levensverwachting van meer dan 20 jaar hebben.

De vraag is echter hoe het mogelijk is dat deze medicijnen, waarvan de bijwerkingen bekend worden verondersteld bij de Amerikaanse *Food and Drug Administration*, zijn goedgekeurd. Volgens de onderzoekers zijn licenties verleend op basis van klinisch onderzoek gedurende een periode van tien jaar, terwijl de reële schadelijke gevolgen van de medicatie misschien pas over dertig jaar zichtbaar zullen worden. Van twee medicijnen, *lovastatin* en *gemfibrozil*, zijn de kankerverwekkende eigenschappen besproken door een adviescommissie. De fabrikant van *lovastatin* wist de leden er op een slimme manier van te overtuigen dat het schadelijke effect van het middel niet voldoende was aangetoond. Ten aanzien van *gemfibrozil* adviseert de commissie, dat dit medicijn uitsluitend als laatste redmiddel mag worden gebruikt, nadat andere maatregelen voor het terugbrengen van het cholesterolniveau – extra lichaamsbeweging, aanpassing van voeding en een vermageringskuur – hebben gefaald. Dit advies wordt echter door veel artsen genegeerd, zo blijkt uit de grote de populariteit van het medicijn.[26]

Medicatie tegen hoge bloeddruk

De calciumantagonisten die artsen voorschrijven aan patiënten met hypertensie, oftewel een hoge bloeddruk, kunnen niet alleen maagbloedingen en hartaandoeningen veroorzaken, maar blijken ook van invloed te zijn op het ontstaan van kanker. Onderzoekers uit de Verenigde Staten en Italië hebben 750 oudere patiënten met hypertensie gevolgd, die minstens vier jaar lang medisch werden behandeld. Degenen die calciumantagonisten gebruikten, hadden twee keer vaker kanker dan de patiënten die van hun arts bètablokkers of zogenaamde *ACE-inhibitors* kregen.[27]

Bloeddrukverlagende medicijnen blijken, net als diuretica (urineafdrijvende middelen), de kans op nierkanker te verhogen. Al in 1975 bestond bij onderzoekers het vermoeden van een verband tussen hoge bloeddruk en verschillende vormen van kanker, waaronder nierkanker, hetgeen pas begin jaren zeventig door zeven studies is bevestigd. Vervolgens bleek ook de medicatie voor het verlagen van de bloeddruk een rol te spelen. Zo lijden patiënten die de bètablokker *atenolol* innemen, twee keer vaker aan nierkanker dan mensen met een hoge bloeddruk die dit middel niet gebruiken. In 1992 zijn diuretica als oorzaak van nierkanker genoemd, maar dit is niet door grote studies bevestigd.[28]

De omgeving

De lucht die je inademt

Kankerverwekkende stoffen die in de lucht en in water zitten, zijn waarschijnlijk het moeilijkst te vermijden. We kunnen tenslotte niet leven als we niet ademen en water drinken. Hoewel het onmogelijk is om het inademen van uitlaatgassen te voorkomen, zijn er vormen van luchtvervuiling die we wel kunnen vermijden.

Roken is een van de belangrijkste oorzaken van vervuiling van de binnenlucht, die zowel voor de rokers als voor mensen in zijn of haar omgeving risico's oplevert. In een Europees onderzoek werden 509 vrouwen en 141 mannen die aan longkanker leden, maar nooit hadden gerookt, vergeleken met een controlegroep van 1.542 niet-rokers zonder longkanker. De deelnemers werd gevraagd in welk mate zij in hun jeugd, als volwassene, thuis, op het werk, in voertuigen en openbare gelegenheden waren blootgesteld aan sigarettenrook. De resultaten van dit onderzoek tonen een klein, maar meetbaar, verband aan tussen de invloed van passief roken en het risico van kanker.

Onderzoekers van het *International Agency for Research on Cancer* (IARC) hebben vastgesteld dat het risico toeneemt naarmate mensen meer en langer aan de schadelijke invloed van sigarettenrook worden blootgesteld, met name op de werkvloer. Zij bleken echter niet in staat om een verband aan te tonen tussen de invloed van passief roken van kinderen in huis en het ontstaan van longkanker op latere leeftijd.[29] De uitkomsten van andere studies wijzen wel op een dergelijk verband.

De enige conclusie die we hieruit kunnen trekken is dat als je rookt, stop ermee. Als je niet rookt, wees dan niet bang om assertief te reageren op mensen die dat wel doen. En maak goede afspraken, als je werkt met mensen die roken. Rokers brengen niet alleen hun eigen gezondheid in gevaar, maar ook die van jou.

Hoe veilig is jouw woning?
We brengen maar liefst negentig procent van ons leven binnen muren door, en het grootste deel van die tijd in ons eigen huis. Zodra we de voordeur hebben gesloten, zijn we geneigd onze woning te beschouwen als een veilige thuishaven die bescherming biedt tegen negatieve invloeden van buitenaf. Niets is echter minder waar. De schoonmaakmiddelen waarmee wij onze keukens en badkamers reinigen – die zogezegd voor een gezond leefmilieu zorgen door, bijvoorbeeld, het verwijderen van 'schadelijke bacteriën' – pesticiden die wij in de tuin gebruiken, de gassen die wij inhaleren tijdens het koken en verwarmen van het huis en de vluchtige chemische stoffen die worden uitgescheiden door tapijt en plastic voorwerpen, vergiftigen ons leefmilieu.

Sinds de oliecrisis van 1973, toen energiebesparing een gevleugeld woord werd, zijn woningen steeds meer luchtdicht gemaakt. Op grond van onderzoek naar de kwaliteit van de binnenlucht, stelt het doorgaans conservatieve Amerikaanse *Environmental Protection Agency* (EPA) vast: 'de slechte kwaliteit van de lucht in huizen, kantoren en scholen vormt één van de grootste bedreigingen voor onze gezondheid.' Milieuexpert Lance Wallace verrichtte in opdracht van het EPA metingen in 600 huizen in zes Amerikaanse steden en toonde aan dat piekconcentraties van twintig giftige of kankerverwekkende chemicaliën binnenshuis vijftig keer hoger waren dan buitenshuis.[30]

De grootste groep luchtvervuilers wordt gevormd door vluchtige organische bestanddelen. Deze derivaten uit petrochemische stoffen wasemen bij kamertemperatuur al snel giftige dampen uit, een proces dat 'ontgassen' wordt genoemd. De specifieke geur van een nieuw huis wordt vooral veroorzaakt door deze ontgassing uit bij de bouw gebruikte materialen, zoals spaanplaat en multiplex. Ook vele huishoudelijke producten bevatten vluchtige oplosmiddelen die we, vaak zonder het te merken, inademen. Andere worden de lucht ingeblazen door middel van een spuitbus of handpomp. Verfspuitbussen en middelen om verf te verwijderen kunnen methyleenchloride bevatten, dat kanker van de borst en van andere organen blijkt te veroorzaken bij knaagdieren.

Benzeen en formaldehyde zijn de meest giftige vluchtige organische stoffen, die meer en meer worden erkend als ernstig bedreigend voor de gezondheid - zelfs door een verheven instituut als de *American Lung Association,* dat waarschuwt dat de lucht in huis niet meer dan 0.1 deel formaldehyde per miljoen luchtdeeltjes mag bevatten. Volgens schattingen wordt ongeveer de helft van de bevolking van de Verenigde Staten echter regelmatig blootgesteld aan concentraties die groter zijn. En in Europa is de situatie niet veel beter. In Zwitserse huizen werden recent concentraties formaldehyde gemeten die ver uitstijgen boven de metingen in de Verenigde Staten; op sommige plaatsen was het percentage zelfs tien keer zo groot.[31]

Formaldehyde is een kleurloos gas dat wordt uitgescheiden door vele bouwmaterialen, zoals multiplex, en aanverwante producten zoals lijm, beits, lak en isolatiemateriaal. Nadat onderzoek het schadelijk effect van isolatieschuim op de gezondheid had aangetoond, werd dit materiaal in 1985 in de Verenigde Staten en vervolgens ook in Nederland verboden, en het is niet waarschijnlijk dat er nog formaldehyde vrijkomt uit schuim dat voordien voor isolatie van gebouwen is gebruikt. Echter, fel gekleurde plastic voorwerpen, van opbergdozen tot afvalbakken, emmers, wasteiltjes en onderdelen van keukenapparaten scheiden ook formaldehyde uit. Evenals nieuw tapijt, stoffering, kleding die niet gestreken mag worden, nieuw papier en cosmetica, zoals nagellak en haarsprays.

Langdurige blootstelling aan formaldehyde kan tot kanker leiden[32], hoewel tot nu toe alleen een verband met kanker van de neus en mond is aangetoond. Onwetend over de schadelijke invloed van formaldehyde, wijten mensen met chronische gezondheidsproblemen, evenals vele huisartsen, de oorzaak van deze klachten vaak onterecht aan griep of aan een virale infectie. In het geval van allergieën en overgevoeligheid voor chemische stoffen, kan formaldehyde ook de boosdoener zijn, omdat dit gas het immuunsysteem aantast.

Benzeen, een bestanddeel van verf, is eveneens bewezen kankerverwekkend te zijn. Verf op waterbasis heet over het algemeen minder schadelijk te zijn dan verf op basis van olie, maar bevat, zij het in mindere mate, eveneens vluchtige organische bestanddelen. Een recente analyse van de sterfte onder schilders en behangers in Engeland toont een relatief groot aantal sterfgevallen als gevolg van kanker aan, in vergelijking tot de rest van de bevolking. Dit is grotendeels toegeschreven aan het gebruik van benzeen in verf.[33]

Eén van de grootste bronnen van zowel formaldehyde als benzeen is tapijt. Vloerkleden bevatten gemiddeld meer dan 120 verschillende chemicaliën, meer bepaald in het materiaal dat vezels bijeenhoudt, zoals lijm, latex, verf en middelen die zijn gebruikt om het tapijt te bleken, vuilafstotend te maken en te beschermen tegen schimmel. Ontgassing vindt voornamelijk plaats wanneer het tapijt nieuw en pas gelegd is, maar kan maar liefst drie jaar voortduren.

Pesticiden

Nog verontrustender is de schadelijke invloed van chemicaliën die wij associëren met gebruik buitenshuis, zoals pesticiden voor in de tuin. Het zal je verrassen, dat de lucht in huis waarschijnlijk meer vervuild is met deze pesticiden dan de buitenlucht. Het onderzoeksrapport van de in opdracht van de EPA uitgevoerde *Non-Occupational Pesticide Exposure Study*[34] laat zien dat in Amerikaanse huishoudens van tenminste vijf pesticiden hogere niveaus binnenshuis dan buiten werden gemeten.

Hoewel ongedierte in huis voor veel overlast kan zorgen, kun je het gebruik van pesticiden het beste zoveel mogelijk vermijden. Vliegenstrips die we aan muren en lampen hangen, bijvoorbeeld, bevatten hoge concentraties insecticiden die 10 keer zoveel gevaar van kanker opleveren voor de mensen in huis als voor mensen die deze verdelgingsmiddelen beroepshalve regelmatig gebruiken.[35] Niettemin zijn deze middelen overal, zonder restricties, verkrijgbaar. Muggen- en vlooiensprays kunnen DDT bevatten, een verdelgingsmiddel dat ook in de landbouw wordt gebruikt. DDT is in verband gebracht met borstkanker. Uit meerdere studies is gebleken dat het risico van borstkanker voor vrouwen, die naar verhouding veel DDT in hun lichaam hebben, 4 keer groter is dan voor vrouwen die in geringe mate aan dit verdelgingsmiddel zijn blootgesteld. In de Verenigde Staten is het gebruik van DDT voor de landbouw teruggebracht naar een niveau dat aanzienlijk lager is dan in andere Westerse landen. Vermijd ook producten die *chlordane* – een chemische stof die in 1980 door de EPA is verboden voor professioneel gebruik, maar nog wel in huishoudelijke producten voorkomt – of *heptachlor* bevatten. In plaats van deze pesticiden, kun je een van de organische verdelgingsmiddelen proberen, waarvan er steeds meer op de markt komen.

Tenslotte doe je er goed aan om zodra je thuis bent je schoenen uit te doen, om te voorkomen dat je schadelijke stoffen naar binnen brengt. In woningen waar mensen op schoenen lopen die ze ook buiten dragen, bevat huisstof veel lood en pesticiden. Met name baby's die over de vloer kruipen en zo met deze stoffen in contact komen, lopen grote risico's. Onderzoek heeft uitgewezen dat kinderen die zijn blootgesteld aan insecticiden een grotere kans hebben op een hersentumor en andere vormen van kanker.[36] Let wel, tapijt houdt 100 keer meer stof vast dan een tegel-, parket- of linoleumvloer. Met name in hoogpolig tapijt kunnen chemische stoffen jarenlang blijven zitten, zonder dat het schadelijk effect verjaart.

Wat zit er in het water?

Ons drinkwater bevat niet minder dan 350 chemicaliën. Behalve pesticiden en nitraten uit grondwater, bevat kraanwater bestrijdingsmiddelen die worden gebruikt tijdens het zuiveringsproces, kunstmatige toevoegingen als aluminiumsulfaat, een restant schadelijke afvalstoffen, lood en parasieten. Drink daarom bij voorkeur mineraalwater – uit glazen flessen, of gebruik een goede waterfilter. Over het algemeen dien je het gebruik van kraanwater te beperken, want geloof het of niet, de kans is groot dat je aan schadelijke chemicaliën wordt blootgesteld als je een douche neemt, de afwas doet of het toilet doortrekt.

Vele kankerverwekkende industriële vervuilende stoffen en oplosmiddelen, zoals benzeen en methyleenchloride, dringen tijdens het douchen, baden en afwassen gemakkelijk door de huid in het lichaam.[37] Belangrijker nog, deze kankerverwekkende stoffen veranderen bij kamertemperatuur in gassen, waardoor ze kunnen worden ingeademd.[38] Volgens minimaal twee studies, is de hoeveelheid vluchtige chemicaliën die gedurende een vijftien minuten durende douchebeurt met besmet water wordt ingeademd gelijk aan de concentratie die je binnenkrijgt als je acht glazen besmet water drinkt.[39] Hoe langer je onder de douche staat en hoe heter het water is, des te meer chemicaliën bevat de lucht in de badkamer; de concentratie is vier keer groter na 10 minuten douchen dan na 5 minuten. Een warm bad heeft hetzelfde effect, maar op een veel lager niveau. Was je daarom kort, en gebruik lauwwarm water. Neem je toch een hete douche, sluit dan de badkamerdeur, zodat vluchtige stoffen zich niet in huis kunnen verspreiden, en open een raam. Spoel tot slot je lichaam af met koud water. En als je de wc doortrekt, doe dan eerst het deksel omlaag, om verspreiding van chemicaliën en bacteriën te voorkomen.

Fluoride

In het buitenland dien je extra voorzichtig te zijn, aangezien drinkwater in veel landen fluoride bevat. In Engeland en de Verenigde Staten krijgt respectievelijk tien en vijftig procent van de huishoudens dagelijks gefluorideerd water uit de kraan. Fluoride is in verband gebracht met breekbare botten, een slecht gebit, genetische afwijkingen en kanker.

Fluoride hoopt zich in het lichaam op. Gezonde volwassenen scheiden slechts de helft van de hoeveelheid fluoride die zij binnenkrijgen uit via de urine. Kinderen, diabetici en mensen met nierproblemen houden mogelijk twee derde van de fluoride vast. Er zijn slechts weinig studies naar het effect van fluoride bij mensen, maar dierproeven hebben onomstotelijk aangetoond dat fluoride kanker kan veroorzaken. Een Amerikaanse studie, die werd gefinancierd door het *National Toxicology Program* van de overheid[40], heeft uitgewezen dat fluoride afwijkende celdeling van het slijmweefsel in de bek van ratten en muizen veroorzaakt, die frequent tot tumoren leidt. In deze studie was er tevens sprake van leverkanker, schildklierkanker en een zeldzame vorm van botkanker.

Denk eraan dat ook frisdrank en thee, gemaakt van gefluorideerd water, schadelijk zijn voor de gezondheid. Van fluoride in tandpasta is bekend dat het botontkalking kan veroorzaken en schadelijk is voor het centrale zenuwstelsel, met hersenbeschadiging en mogelijk zelfs de ziekte van Alzheimer tot gevolg. Vermijd fluoride daarom zoveel mogelijk, en let op je voeding, omdat je meer ontvankelijk bent voor fluoridenvergiftiging als je niet goed eet. Neem voldoende magnesium, zink en ijzer. Deze voedingsstoffen gaan het schadelijk effect van fluoride in het lichaam tegen.

Hoogspanning
Ga niet in de buurt van een elektriciteitscentrale, spoorwegnet of hoogspanningskabels wonen. De schadelijke invloed van elektromagnetische velden op de gezondheid is aangetoond door twaalf uitgebreide studies, waarvan er negen een verhoogd risico van leukemie bij kinderen beschrijven. De eerste vond al in 1979 in de Verenigde Staten plaats, onder leiding van de onderzoekers Nancy Wertheimer en Ed Leeper, die tot de conclusie kwamen dat er een verband bestaat tussen kanker bij kinderen en de invloed van hoogspanningskabels en elektromagnetische straling in huis.[41]

Elektromagnetische velden omgeven alle geleiders van elektriciteit, inclusief elektrische apparaten en de bedrading in huis. Enerzijds bestaan ze uit elektrische velden, die kunnen worden afgeschermd door muren of bomen, en anderzijds uit magnetische velden, die door alles – behalve lood – heendringen en worden opgewekt zodra je elektriciteit gebruikt. Met andere woorden, telkens wanneer je een elektrisch apparaat aanzet, gebruik je niet alleen elektriciteit, maar creëer je tegelijkertijd magnetische straling die door jouw lichaam heendringt.

Hoewel het schadelijk effect van elektromagnetische straling door menigeen in twijfel wordt getrokken, hebben frequenties van 15 tot 60 hertz bij dieren tot verandering van proteïne in cellen, verbreking van celverbindingen en vermindering van de natuurlijke afweer geleid.[42] Bovendien is het door Wertheimer en Leeper vastgestelde verband tussen elektromagnetische velden en kanker bij kinderen door vele studies bevestigd.[43] Hierbij is er voornamelijk gekeken naar de dichtheid van magnetische velden, die wordt uitgedrukt in *teslas* (T), waarbij een *nanotesla* (nT) een duizendste van een miljoenste *tesla* is. Terwijl het niveau in de gemiddelde woning 70 nT bedraagt, is dit onder hoogspanningskabels op veel plaatsen meer dan 1000 nT.

Kinderen die in en om het huis aan meer dan 300 nT worden blootgesteld, hebben 4 keer meer dan gemiddeld kans op leukemie, zo blijkt uit onderzoek van drs. Maria Feychting en Anders Ahlbom, medewerkers van het *Karolinska Institute of Environmental Medicine* in Stockholm.[44] Zij berekenden dat van de 500.000 kinderen, die tussen 1960 en 1985 op minder dan 300 meter afstand van het landelijke hoogspanningsnet woonden, er 142 slachtoffer werden van leukemie.

Een andere Zweedse studie toont aan dat hersentumoren vaker voorkomen bij mannen die door hun werk regelmatig aan de invloed van elektromagnetische velden worden blootgesteld.[45] Vlak na publicatie van de onderzoeksresultaten van deze twee studies, begin jaren negentig, heeft de *National Board for Industry and Technology* (NUTEK), in afwachting van nieuwe veiligheidsmaatregelen, een moratorium afgekondigd op het plaatsen van hoogspanningsmasten en het spannen van kabels die velden van 200 nT of meer creëren in de buurt van huizen en schoolgebouwen.

Een paar jaar eerder, in 1989, was in de Verenigde Staten vastgesteld, dat voor mannen die in hun werkomgeving veel aan elektromagnetische straling worden blootgesteld, een relatief groot gevaar van zeldzame vormen van borstkanker bestaat. Dr. Genevieve Matanoski en haar collega's van de *Jane Hopkins School of Public Health* in Baltimore registreerden een hoge incidentie van borstkanker bij technici van telefoonmaatschappijen in de staat New York.[46] Vervolgonderzoek toonde aan dat niet alleen technici die dagelijks onderhoud plegen aan het telefoonnetwerk, maar ook elektrotechnici en hoogspanningswerkers een verhoogd risico van borstkanker hebben.[47]

In 1992 is de invloed van elektromagnetische velden voor het eerst in verband gebracht met borstkanker bij vrouwen. Dr. Dana Loomis van de University of North Carolina stelde een sterftestijging van 40% vast onder vrouwelijke elektrotechnici, 2 keer het aantal doden dat bij vrouwen tussen 45 en 54 jaar werd verwacht.[48]

De meeste aandacht van de medische pers gaat evenwel uit naar onderzoek van Loscher in Duitsland. Medewerkers van het onderzoeksinstituut hebben aangetoond, dat magnetische velden een belangrijke rol spelen bij het ontstaan van borstkanker bij ratten, die tevens een kankerverwekkende chemische stof kregen toegediend. Naarmate de dichtheid van het magnetisch veld groter was, nam de kans op kanker toe – bij een constante hoeveelheid gif.[49] Tegelijkertijd, zo ontdekten de onderzoekers, nam de hoeveelheid *melatonine* in bloed af. Melatonine, dat door de pijnappelklier – een grijsrood uitgroeisel van de hersenen – wordt uitgescheiden, is een krachtige antioxidant die het lichaam doorzoekt op de aanwezigheid van vrije radicalen. Aangezien een overmaat aan deze radicalen kan leiden tot beschadiging van DNA en het risico van kanker kan verhogen, evenals de kans op degeneratieve ziekten, zoals hartaandoeningen, de ziekte van Alzheimer en de ziekte van Parkinson, is een adequaat melatoninegehalte in het bloed van vitaal belang.

In navolging van dr. Russel Reiter van de *University of Texas Health Science Center* in San Antonio, gaan steeds meer wetenschappers ervan uit, dat onderdrukking van de productie van *melatonine* de meest aannemelijke verklaring is voor het verband tussen elektromagnetische velden en alle vormen van kanker. In 1994 maakte Robert Liburdy, van de *Lawrence Berkeley Laboratories* in Californië, tijdens de jaarlijkse bijeenkomst van de *Bioelectromagnetics Society* bekend, dat hij bij gekweekte menselijke borstkankercellen had waargenomen, dat magnetische velden van 600 tot 1200 nT het effect van *melatonine* onderdrukken, waardoor kankercellen in staat zijn om zich te vermenigvuldigen.[50]

Een uitgelekt ontwerprapport over richtlijnen ten aanzien van elektromagnetische velden, opgesteld door de Amerikaanse *National Council on Radiation Protection*, erkent het gevaar van velden met een extreem lage frequentie: 'Verstoring van de normale, dagelijkse functie van melatonine houdt verband met een gewijzigde formatie van oestrogeenreceptoren in de borst, hetgeen momenteel onderwerp is van studies naar mogelijke verbanden tussen velden met extreem lage frequentie en het ontstaan van borstkanker bij mensen.'

Het onderzoek naar elektromagnetische velden is tot nu toe voornamelijk gericht op de schadelijke gevolgen van magnetische straling; de kans dat elektriciteit eveneens schadelijk is, achten wetenschappers over het algemeen klein, simpelweg omdat er weinig inzicht is in de manier waarop elektriciteit van invloed zou kunnen zijn op de gezondheid. Niettemin zijn tal van epidemiologische studies gepubliceerd, die redelijk consequent aangeven, dat elektriciteit een rol speelt bij het ontstaan van kanker. Hoewel dit verband moeilijk te bepalen, en misschien zelfs controversieel is, brengen deze studies verontrustende mogelijkheden onder de aandacht.

Onderzoekers hebben ontdekt dat luchtdeeltjes, zoals water, stof en chemicaliën, zich verenigen rond elektrische velden. Giftige stoffen in de buitenlucht komen voornamelijk onder hoogspanningskabels voor, zo blijkt uit onderzoek in Noorwegen.[51] Vermoedelijk worden luchtdeeltjes door elektriciteitsbronnen aangetrokken, en zijn elektrische velden, in plaats van magnetische, verantwoordelijk voor dit fenomeen. Onderzoekers gaan momenteel na of andere schadelijke bestanddelen van lucht, zoals bacteriën, eveneens rond elektrische velden zijn geconcentreerd. Luchtvervuiling is met name schadelijk voor de longen, hetgeen een verklaring zou kunnen zijn voor het verband tussen hoogspanning en longkanker, dat wetenschappelijk is vastgesteld. Een overzicht van vijf grote studies beschrijft een statistisch hoger risico van longkanker voor mensen die nabij hoogspanningsbronnen wonen.[52] Voor vrouwen in het Britse East Anglia geldt, volgens een van deze studies, een risicoverhoging van 1.75.[53]

Ook huidkanker zou gerelateerd kunnen zijn aan hoge concentraties kankerverwekkende stoffen in de lucht. Een kleine studie van de universiteit van Bristol, Engeland, vestigt aandacht op een statisch significante toename van huidkanker bij mensen die op minder dan twintig meter afstand van een elektriciteitslijn leven. De eerste resultaten van dit onderzoek zijn bekend gemaakt tijdens een bijeenkomst van het Amerikaanse *Department of Energy Contractors* in San Antonio in de staat Texas.[54]

Wat kun je doen?
In het licht van de groeiende bewijslast voor de gevaren van elektromagnetische velden, doe je er goed aan om je hier zoveel mogelijk tegen te beschermen, zowel thuis als op het werk. Hier volgt een aantal tips:

- *Meet elektromagnetische straling in huis, met name in de slaapkamer.* Omdat je ongeveer een derde van je leven slapend doorbrengt, is het van belang om juist in de ruimte waar je bed staat voor veiligheid te zorgen. Je kunt de frequentie van elektromagnetische velden laten meten door een expert, of zelf een magnetometer kopen of huren. Bedenk dat je het stralingsniveau niet alleen overdag dient te meten, maar ook 's nachts, wanneer het als gevolg van gebruik van goedkope elektriciteit drie keer hoger kan zijn dan wanneer het licht is.
- *Verplaats, indien nodig, meubilair en elektrische apparatuur.* Met name bedden, zitbanken en stoelen dienen op veilige afstand – tenminste 2 meter - te staan van bronnen van elektromagnetische straling, zoals de elektriciteitsmeter en de televisie. Zet je wekker, zowel een elektrische als een met batterijen, op tenminste 60 centimeter afstand van het hoofdeinde van het bed. Neem geen elektrische deken, en als je er al een gebruikt, trek dan voordat je in bed gaat liggen de stekker uit het stopcontact. Denk eraan dat elektrische velden ook worden opgewekt als een apparaat is uitgeschakeld; laat daarom 's nachts geen stekkers van apparaten in het stopcontact zitten.
- *Met name als je zwanger bent, dien je extra voorzichtig te zijn.* Uit proeven met bevruchte eieren blijkt, dat wanneer deze in de buurt

van beeldschermen worden gelegd, het aantal dat uitkomt 2 keer zo klein is als normaal. In hun eindrapport concluderen de onderzoekers van de Universiteit van Montpelier in Frankrijk dat een mix van extreem lage en geringe stralingsfrequenties spanning creëert in de energievelden in ons lichaam, waarbij calcium aan moleculen wordt onttrokken, hetgeen tot verschillende ziekten kan leiden. Gebruik daarom zowel thuis als op het werk een monitor met geringe straling. En ga nooit met je rug naar de achterkant van de computer van een collega zitten, aangezien daar de grootste straling vrijkomt.

- *Ga na of je echt een mobiele telefoon nodig hebt.* Als je er een gebruikt, schaf dan een hands-free kit aan of een van de nieuwste producten die schadelijke straling helpen afleiden.

- *Neem antioxidanten.* Elektromagnetische velden hebben tot gevolg dat er meer vrije radicalen in het lichaam ontstaan.[55] Van vrije radicalen is bewezen dat ze een belangrijke rol spelen bij de ontwikkeling van kanker. Door extra vitamine A, C en E in te nemen, kun je jezelf beschermen. Neem echter niet teveel supplementen, begin liever met meer groene bladgroente en fruit te eten.

De invloed van de zon

Teveel zon is slecht voor de huid, en kan huidkanker veroorzaken. Tenminste, zo luidt de heersende opinie. Maar is dat wel waar? Onderzoekers van de universiteit van Yale hebben ontdekt, dat er een verband bestaat tussen door de zon verbrande huid en het ontstaan van een melanoom – een donker gekleurd gezwel – op dezelfde plaats, dat echter niet kwaadaardig is in de zin van een levensbedreigende aandoening. Deze melanomen ontstaan evenwel ook op plaatsen die zelden of nooit aan zonlicht worden blootgesteld, een verschijnsel dat de onderzoekers niet hebben kunnen verklaren.[56]

Veel van wat ons over de gevaren van zonnebaden wordt verteld, is niet juist. Zo kan de zonnebrandcrème die ons tegen beschadiging van de huid moet beschermen, het risico van melanomen juist vergroten, terwijl het advies om uit de zon te blijven een te simplistische maatregel is. Onderzoek laat zien dat er een epidemie van melanomen is. In het Australische New South Wales, bijvoorbeeld, is het aantal gevallen in de laatste 2 jaar verdubbeld. Gemiddeld zou het aantal melanomen met 43% per jaar toenemen. Een opmerkelijke stijging, gezien het grote publieke bewustzijn van de risico's van zonnebaden en de uitgebreide voorlichting over voorzorgsmaatregelen.

In feite is er over melanomen weinig bekend. Wat we wel weten is dat mensen die veel in de zon zitten minder melanomen hebben dan degenen die zo nu en dan van de zon genieten. En dat de kans op melanomen voor een groot deel afhangt van het huidtype dat je hebt. De vraag is echter welke rol ultraviolette straling speelt bij het ontstaan van melanomen en van huidkanker. Zonnebrandcrème lijkt hiertegen weinig bescherming te bieden. Sterker nog, deze crèmes lijken in sommige gevallen verband te houden met het ontstaan van melanomen.

Een wetenschapper die onderzoek heeft gedaan in New South Wales suggereert, dat er twee soorten melanomen zijn: een type dat gekenmerkt wordt door celafwijkingen in een dunne huidlaag, die gemakkelijk kan worden verwijderd, en een ander type, waarbij meer weefsel is aangetast. In dit laatste geval is er vermoedelijk al sprake van afwijkingen, voordat de huid aan fel zonlicht wordt blootgesteld. Dit kan betekenen dat melanomen zich op dezelfde manier ontwikkelen als andere vormen van huidkanker, waarbij er sprake kan zijn van regressie, als gevolg van de natuurlijke afweer van het lichaam.[57]

Stress

Mensen die tevreden zijn met hun leven hebben een grotere kans om gezond oud te worden dan mensen die voortdurend in strijd zijn met zichzelf en hun omgeving of lijdzaam toegeven, zo blijkt uit onderzoek. Doe daarom niet iets dat je niet leuk vindt, zoek uitdagend werk en andere activiteiten waar je plezier aan beleeft. Een sociaal netwerk en vriendschappen zijn bepalend voor de gezondheid, evenals het kunnen uiten van gevoelens.

Borstkanker

Hevige stress – mogelijk veroorzaakt door een sterfgeval, scheiding of werkloosheid – kan borstkanker veroorzaken. Als een vrouw gedurende vijf jaar onder grote spanning gebukt gaat, is de kans dat zij borstkanker krijgt twaalf keer groter dan normaal.

Het klinkt misschien vreemd, maar vrouwen die hun problemen onder ogen zien en proberen op te lossen hebben drie keer zoveel kans op borstkanker als vrouwen die emotioneel reageren. Door negatieve emoties uit te bannen, help je jezelf om psychisch en emotioneel in balans te komen, zo luidt de conclusie van een team van Britse onderzoekers en Chinese psychiaters, radiologen, chirurgen en kankerspecialisten.

Onder leiding van dr. O. Chen van de *National Cheng Kung Medical School* in Taiwan, interviewden de onderzoekers 119 vrouwen in de leeftijd van 20 tot 70 jaar, die door hun arts waren doorverwezen naar het *King's College Hospital* in Londen vanwege een verdacht gezwel in de borst. Dit onderzoek betekent een mijlpaal in de geschiedenis van de geneeskunde, omdat het de eerste keer is dat artsen wetenschappelijk hebben aangetoond wat velen van ons al lange tijd vermoedden.

Aan de hand van stressniveaus is vastgesteld, dat het risico van borstkanker verdrievoudigt als een vrouw gedurende vijf jaar of minder aan grote spanning is blootgesteld. Zodra andere – volgens de onderzoekers minder belangrijke – risicofactoren, zoals leeftijd, menopauze en roken, in aanmerking worden genomen, is de kans op borstkanker maximaal 11,6 keer groter.[58]

Voeding

Het voedingspatroon speelt ongetwijfeld een van de belangrijkste rollen bij het veroorzaken - of voorkomen - van kanker. De invloed van een tekort of overmaat aan bepaalde voedingstoffen bij de ontwikkeling van de ziekte is door talloze studies aangetoond.

Je bent wat je eet

Een indrukwekkend rapport van het Amerikaanse *Institute for Cancer Research*, getiteld *Food, Nutrition and the Prevention of Cancer: A Global Perspective*[59], bevat wellicht de meest uitgebreide informatie over preventie van kanker, waar we momenteel over beschikken. In dit document, dat in september 1997 is gepubliceerd, wordt beschreven hoe en welke voeding bescherming kan bieden tegen kanker.

De vijftien wetenschappers die het rapport gezamenlijk hebben opgesteld, schatten dat dertig tot veertig procent van alle vormen van kanker direct gerelateerd is aan de voeding die we gebruiken, evenals aan aanverwante factoren, zoals een schommelend lichaamsgewicht, vermageringskuren en de hoeveelheid lichaamsbeweging. Hoewel we niet weten hoe kanker zich precies ontwikkelt, weten we inmiddels wel hoe we het risico kunnen verminderen. De meest eenvoudige aanpassingen van de levensstijl, zo zeggen de experts, kunnen ervoor zorgen dat jij en jouw familie 60 tot 70% minder kans op kanker hebben.

In hun rapport benadrukken de wetenschappers, dat onze voeding teveel vet en calorieën bevat en dat we te weinig vers fruit, groente en vezelrijke producten eten. Groente en fruit voorzien je niet alleen van essentiële voedingsstoffen, maar ook van een arsenaal van bestanddelen die het immuunsysteem versterken en daarmee de natuurlijke afweer tegen kanker.

Het gevaar van teveel vet
Behalve door een structureel tekort aan bepaalde voedingstoffen, kun je ontvankelijk worden voor kanker door een verkeerde verhouding van vetten, koolhydraten en proteïne. De medische wetenschap heeft onder meer een verband aangetoond tussen een vetrijk dieet en darmkanker. Inmiddels beginnen moleculair biologen inzicht te krijgen in de ingewikkelde interactie tussen genetische en omgevingsfactoren die aan de basis van darmkanker ligt, en mogelijk ook van andere kwaadaardige aandoeningen. Wellicht leidt dit begrip tot een antwoord op de vraag waarom in een gezin, waarin iedereen dezelfde voeding krijgt, de een wel kanker krijgt en de ander niet.

Wetenschappers van het *Jefferson Cancer Institute* in Philadelphia hebben ontdekt dat het verschil te wijten kan zijn aan 'modificerende' genen, waarvan de interactie met muterende genen bepalend is voor het wel of niet ontstaan van kanker. De modificerende genen bleken identiek aan een gen dat darmcellen instrueert om een enzym te produceren dat een belangrijke rol speelt bij de spijsvertering. Als er in het darmstelsel veel van dit enzym aanwezig is, zou dit op de een of andere manier de schadelijke effecten van vetzuren tegen kunnen gaan, zo wordt verondersteld. Ook andere soorten kanker, zoals long- en blaaskanker, houden vermoedelijk verband met de consumptie van zogenaamd *junk*-DNA, oftewel stoffen die de gezondheid schade toebrengen en kunnen leiden tot allerlei ernstige kwalen.[60]

Zou je vlees moeten eten?

Het zou te simplistisch zijn om te stellen, dat door het weglaten van een enkel bestanddeel van voeding, zoals vlees, de kans op kanker wordt gereduceerd. Omdat alle vormen van kanker verschillend zijn, zou het wel eens zo kunnen zijn dat je door een dergelijke maatregel het risico van een bepaald type kanker juist verhoogt.

Over het algemeen gesproken, is het niet nodig om vlees te vermijden. Het is echter wel duidelijk dat we teveel vlees eten. Je doet er goed aan om niet meer dan tachtig gram vlees per dag te nemen, of drie keer per week 150 gram. In plaats van rood vlees, kun je beter kip of wildbraad eten. Als je je het kunt veroorloven, neem dan biologisch vlees, dat minder giftige stoffen bevat.

De vraag of vlees kanker veroorzaakt, blijft echter onbeantwoord. Terwijl overzichtsstudies in de Verenigde Staten en Australië op een verband tussen vleesconsumptie en endeldarmkanker wijzen[61], is dit niet aangetoond door onderzoek bij Europese bevolkingsgroepen.[62] Nog verwarrender is, dat Engeland van alle landen die deel uitmaken van de Europese Unie de laagste consumptie van rood vlees per hoofd van de bevolking heeft, terwijl endeldarmkanker in dit land het meeste voorkomt. Naar verhouding wordt in de vier Europese landen met de laagste sterfte aan endeldarmkanker – Griekenland, Italië, Spanje en Portugal – aanzienlijk meer rood vlees gegeten. Maar er worden tevens meer graanproducten, groente en fruit genuttigd. Extra beschermende voedingsfactoren zouden even bepalend kunnen zijn voor de gezondheid als het vermijden van schadelijke factoren, zoals rood vlees. Met andere woorden, een uitgebalanceerd dieet, van zowel vlees, zuivel, granen, groente en fruit, zou beter zijn dan eenzijdige, gezonde voeding.[63]

Onderzoek suggereert ook, dat niet zozeer het vlees schadelijk is, maar wel de manier waarop het is klaargemaakt.[64] Een voorkeur voor goed doorbakken vlees, houdt een verhoogd risico van kanker in. Kort geleden is borstkanker in verband gebracht met consumptie van bewerkt vlees, zoals spek en hamburger. Omdat tijdens het bak- en braadproces *heterocyclische aminen*, oftewel organische ammoniakverbindingen vrijkomen, die kankerverwekkend zijn, is het niet raadzaam om vlees langdurig of op heel hoge temperatuur te bakken.[65] In een studie hebben onderzoekers vastgesteld, dat het risico van borstkanker voor een vrouw 4,62 keer hoger is als zij uitsluitend doorbakken vlees eet, in vergelijking met vrouwen die half of niet doorbakken vlees eten.

Baarmoederhalskanker

Als je als vrouw een verhoogde kans op baarmoederhalskanker hebt, is een uitgebalanceerd dieet van vitaal belang. Een tekort aan bepaalde voedingsstoffen kan het risico van kanker namelijk aanzienlijk vergroten.

Een multidisciplinaire studie van de universiteit van Alabama in het Amerikaanse Birmingham, heeft uitgewezen dat vrouwen die tot een risicogroep behoren – vanwege gebruik van de pil, het aantal seksuele partners, infectie met het menselijk papillomavirus (genitale wratten) of roken – door een tekort aan foliumzuur hun ontvankelijkheid voor baarmoederhalskanker vergroten. Als je te weinig foliumzuur binnenkrijgt, is de kans op kwaadaardige aandoeningen vijf keer groter dan normaal. Ga eventueel naar een betrouwbare voedingspecialist; die kan bepalen welke voedingsstoffen jouw lichaam wel en welke het niet opneemt en de tekorten aanvullen.[66]

Vitamine K

Vertrouw niet op 'experts' die vitamine K-injecties bij pasgeboren baby's adviseren. Twee studies van de universiteit van Bristol brengen deze praktijk, waarvan wordt beweerd dat die bloederziekte voorkomt, in verband met een verhoogd risico van leukemie. Hoewel deze studies geen vervolg hebben gekregen is het niet overdreven om te stellen dat artsen met betrekking tot vitamine K niet weten wat ze doen.

Het is bekend dat een baby vlak na de geboorte extreem weinig vitamine K, dat bloedklontering bevordert, in zijn bloed heeft en dat hiervan slechts een kleine voorraad in de lever is opgeslagen. Artsen menen dat dit vitamineniveau kunstmatig moet worden verhoogd, om het risico van een mogelijk fatale bloeding die verband houdt met een tekort aan vitamine K uit te sluiten. Baby's die te vroeg worden geboren, met behulp van een forceps of via een problematische keizersnedenbevalling ter wereld komen, die een leverziekte hebben of van wie de moeders bloedverdunnende middelen hebben gebruikt, worden verondersteld het meeste risico van een ernstige bloeding te lopen.

De conventionele geneeskunde gaat ervan uit dat baby's die uitsluitend borstvoeding krijgen, een tekort aan vitamine K riskeren, omdat moedermelk weinig van deze voedingsstof bevat. Volgens Michel Odent, deskundige op het gebied van (pre)natale zorg, is dit slechts een halve waarheid. Borstvoeding bevat inderdaad weinig vitamine K, maar colostrum, het eerste zog na de bevalling, is enorm rijk aan deze vitamine. Een van de belangrijkste redenen dat pasgeboren baby's het gevaar van een bloeding lopen, is dat moeders kinderen niet onmiddellijk na de geboorte aan de borst leggen. In vele delen van de wereld wordt vrouwen geadviseerd om colostrum weg te gooien en met het voeden te wachten tot echte melk wordt aangemaakt.

Een in de medische pers breed uitgemeten studie van dr. Jean Golding, uitgevoerd in het *Institute of Child Health* in Bristol, laat zien dat baby's die vitamine K-injecties kregen in hun jeugd twee keer zo vaak kanker ontwikkelden dan baby's aan wie geen vitamine K werd toegediend.[67] Dit verhoogde risico vertaalt zich naar 1.4 extra gevallen van kanker per 1000 kinderen in de leeftijd tot 10 jaar.

Alle baby's hebben een risico van een ernstige en mogelijk fatale bloeding van 0,0086%. Echter, door het kind een vitamine K-injectie te geven, neemt het risico van kanker met 0,14% toe. Met andere woorden, door het toedienen van extra vitamine K heeft de baby zestien keer meer kans op kanker dan op een bloeding.

Hoewel de onderzoeksresultaten van dr. Golding niet zijn bevestigd door andere studies, en bevolkingsonderzoek in de Verenigde Staten en Denemarken geen toename van leukemie bij kinderen, als gevolg van de wijd verbreide praktijk van het injecteren van vitamine K, heeft kunnen aantonen, zijn er vele plausibele theorieën waarom het een gevaar van kanker oplevert.

Golding en haar collega's wijzen op experimenten waarbij als gevolg van hoge concentraties vitamine K veranderingen in de chromosomen optraden. Bij dieren hebben proeven met vitamine K eveneens tot chromosoombeschadiging geleid. Of, de oorzaak zou niet de vitamine op zich kunnen zijn, maar een van de andere componenten van het injecteerbare preparaat, dat op de vitamine zou kunnen reageren en zo kanker veroorzaken.

Een ander experiment dat zij citeren suggereert dat een gering tekort aan vitamine K in werkelijkheid bescherming zou kunnen bieden tegen kanker. Of het zou zo kunnen zijn dat de injectie zelf het probleem is, omdat het pasgeborenen blootstelt aan vreemde substanties, zoals virussen, die kanker zouden kunnen veroorzaken.[68]

Kleding

Zelfs de kleding die we dragen wordt verondersteld een rol te spelen bij het ontstaan van gezondheidsproblemen, inclusief kanker. Met name synthetische materialen en stoffen die met chemicaliën zijn behandeld, zouden kankerverwekkende eigenschappen hebben.

Beha's

Draag niet langer dan twaalf uur per dag een bh, zo luidt het advies van twee medisch antropologen, die beweren dat er een verband met borstkanker bestaat. Vrouwen die gedurende twaalf uur of langer een bh dragen, zouden 19 keer meer kans op borstkanker hebben. Dragen zij voortdurend een bh, zelfs tijdens het slapen, dan zou het risico maar liefst 113 keer groter zijn.

De antropologen Sydney Ross Singer en Soma Grismaijer baseren hun omstreden bevindingen op interviews met 4700 vrouwen uit 5 verschillende Amerikaanse steden. Uit deze getuigenissen hebben zij afgeleid dat een bh de lymfevaten kan afknellen, waardoor de afvoer van afvalstoffen wordt belemmerd en deze giftige stoffen zich ophopen in het borstweefsel. Dit zou de aanleiding kunnen zijn voor diverse gezondheidsproblemen, inclusief kanker.[69] Dr Robert Blomfield uit West Yorkshire adviseert zijn vrouwelijke patiënten al jaren om beha's van katoen te dragen, omdat hij ervan uitgaat dat het synthetische materiaal schadelijk voor de gezondheid is. 'Ik heb hierover naar het *Imperial Cancer Research Fund* geschreven,' zegt hij, 'maar spijtig genoeg werd mij te verstaan gegeven, dat men niet van plan is om hier onderzoek naar te doen.'

Pyjama's

De Amerikaanse regering heeft de verkoop verboden van pyjama's met *Tris*, een chemische middel dat in de textielindustrie wordt gebruikt om stoffen minder brandbaar te maken. Winkeliers dienden de pyjama's uit hun schappen te halen nadat experimenten in laboratoria hadden uitgewezen dat *Tris* nierkanker veroorzaakt bij proefdieren. Hoewel niet bekend is of het middel even gevaarlijk is voor kinderen, staat wel vast dat de stof via absorptie door de huid in de bloedbaan terecht kan komen. Zelfs nadat pyjama's verscheidene keren waren gewassen, werden bij kinderen die deze kledingstukken hadden gedragen hoge niveaus van *Tris* in de urine en de vetcellen gemeten.   Naar schatting zijn 51.000 Amerikaanse kinderen aan de schadelijke invloed van *Tris* blootgesteld. Tot nu toe is bij geen van hen kanker geconstateerd. Vermoedelijk heeft de chemische stof een trage uitwerking, waardoor de ziekte zich pas openbaart als deze kinderen tieners of jonge volwassenen zijn.[70]

2 Opsporing

Kanker kun je voorkomen, zo willen artsen ons doen geloven, door je regelmatig medisch te laten controleren. En gehoor te geven aan grootscheeps bevolkingsonderzoek. Met name vrouwen krijgen regelmatig een oproep om zich te laten onderzoeken op baarmoederhals- en borstkanker, respectievelijk door middel van vaginale uitstrijkjes en borstfoto's. De laatste jaren is er ook sprake van de introductie van grootschalig onderzoek naar prostaat- en darmkanker bij mannen.

De notie dat het vroegtijdig opsporen van kanker de ontwikkeling van de ziekte kan voorkomen is misleidend. Ondanks de grote sommen geld die aan dergelijke campagnes worden gespendeerd, heeft geen van deze onderzoeken, waar ook ter wereld, enig effect gehad op het aantal mensen dat aan de gevolgen van kanker overlijdt. En heeft evenmin kunnen voorkomen dat verscheidene vormen van kanker bij vrouwen momenteel epidemische vormen aannemen. Bovendien bestaat er een grote kans op een foutieve positieve uitslag – dat mensen te horen krijgen dat ze kanker hebben, terwijl dit niet zo is – en is er in een aantal gevallen sprake van onnodig medicijngebruik of een operatie die vermeden had kunnen worden.

In de medische vakliteratuur treffen we vele studies aan die de onbetrouwbaarheid van bevolkingsonderzoeken aantonen. Een studie van de *University of British Colombia* in het Canadese Vancouver, heeft zelfs tot de aanbeveling geleid om mammografie – röntgenonderzoek naar borstkanker – af te schaffen voor vrouwen die jonger zijn dan vijftig jaar. Volgens de onderzoekers heeft deze leeftijdsgroep weinig baat bij dit onderzoek. Weliswaar wordt algemeen beweerd, dat als gevolg van grootschalig onderzoek bij vrouwen van boven de vijftig, jaarlijks dertig procent minder vrouwen aan borstkanker sterft, maar het is niet bewezen dat dit ook geldt voor vrouwen die jonger zijn. Het magische percentage van dertig wordt volgens de onderzoekers gebruikt om onderzoek bij andere groepen te rechtvaardigen, hoewel dit nergens op is gebaseerd.

De medische wereld heeft een blind vertrouwen in bevolkingsonderzoek. Er zijn immers 'weinig harde bewijzen', maar voldoende
'gegronde redenen' om aan te nemen dat onderzoek voor 65-plussers
raadzaam is, zo parafraseert een columnist van het *British Medical
Journal*. Aangezien leeftijd een van de belangrijkste risicofactoren is, en
deze senioren gemiddeld nog een jaar of twaalf leven, moet het wel
goed voor hen zijn.[1]

Sinds het eerste bevolkingsonderzoek naar borstkanker, zo brengen
de Canadese onderzoekers in herinnering, heeft de medische pers weinig ruchtbaarheid gegeven aan alle studies die aantonen, dat mammografie voor vrouwen uit alle leeftijdscategorieën weinig zin heeft, en eerder nadelig is vanwege het grote aantal valse positieve resultaten en
voorbarig medisch ingrijpen. 'Aangezien het behaalde voordeel margi-
naal is, terwijl de geleden schade aanzienlijk en de kosten enorm zijn,'
zo luidt de conclusie van de epidemiologen, 'is het gebruik van over-
heidsgelden voor bevolkingsonderzoek naar borstkanker, bij welke leeftijdscategorie dan ook, niet verantwoord.' En alsof deze uitspraak nog
niet duidelijk genoeg is, concluderen wetenschappers uit Bristol op
grond van onderzoek bij een kwart miljoen vrouwen: 'Grootschalig
onderzoek naar baarmoederhalskanker is een gevaarlijke tijdsverspilling.'

Gynaecologisch onderzoek

De belangrijkste methode voor het vaststellen van baarmoederhalskanker is de *PAP-test*, genoemd naar de Griekse dr. George Papanicolaou,
die deze test - die in de volksmond 'uitstrijkje' heet - aan het begin van
de Tweede Wereldoorlog heeft ontwikkeld. Na uitgebreid onderzoek,
maakten dr. Papanicolaou en een collega in 1941 bekend, dat zij bij
vrouwen kwaadaardige afwijkingen aan de baarmoederhals hadden vastgesteld door bij hen een kleine hoeveelheid weefsel te verwijderen en
vervolgens met behulp van een microscoop te onderzoeken. Na publicatie van de resultaten van een grootschalige pilotstudy in het Canadese Brits Columbia, die aantoonden dat het aantal sterfgevallen van baarmoederhalskanker dankzij het 'het uitstrijkje' was gedaald, zijn artsen
in verscheidene Westerse landen de test gaan uitvoeren. Momenteel

wordt in Nederlandse ziekenhuizen bij gynaecologisch onderzoek standaard een uitstrijkje gemaakt.

Uiteraard heeft geen enkele vrouw bezwaar tegen een veilige, pijnloze test, waarmee een levensgevaarlijke aandoening in een vroeg stadium kan worden opgespoord. Tenminste, *als deze test echt werkt*. En dat is nu juist wat we niet met zekerheid kunnen zeggen. Na alle beschikbare medische literatuur over de paptest te hebben bestudeerd, is professor James McCormick van het *Departement of Public Health* van het *Trinity College* in Dublin, tot de conclusie gekomen dat 'er geen overtuigend bewijs bestaat, dat deze preventiemethode zinvol is, en mogelijk meer schade berokkent dan voordelen oplevert.'[2] Met schade doelt professor McCormick op valse positieve uitslagen. Bij gevolg hebben duizenden vrouwen risicovolle behandelingen ondergaan, die onder meer tot vermindering van de vruchtbaarheid kunnen leiden, voor een aandoening die ze niet hebben of die uit zichzelf geneest als niemand zich ermee bemoeit.

Hoewel de pilotstudy in Brits Colombia suggereert, dat door middel van de PAP-test levens kunnen worden gered, is dit niet door andere studies bevestigd. De introductie van de test in ontwikkelingslanden heeft geen aanwijzingen voor een daling van het aantal sterfgevallen als gevolg van baarmoederhalskanker opgeleverd. Sterker nog, al het onderzoek dat naar de effectiviteit van het uitstrijkje is gedaan, wijst uit dat deze test nauwelijks invloed heeft op de sterftecijfers. Al met al is Brits Colombia het enige gebied waar regelmatig alle vrouwen op baarmoederhalskanker worden getest. Desondanks komt het aantal sterfgevallen overeen met dat in de rest van Canada.[3]

Over het algemeen wordt vrouwen in de leeftijd van 20 tot 65 jaar aangeraden om minimaal om de vijf jaar een uitstrijkje te laten maken – hoewel sommige artsen van mening zijn dat de leeftijdsgrens van 65 jaar dient te worden afgeschaft, aangezien oudere vrouwen een relatief hoger risico van baarmoederhalskanker hebben.[4] Opmerkelijk is echter dat, hoewel de procedure voor bevolkingsonderzoek naar kanker algemeen bekend kan worden verondersteld, er geen consistent beleid is dat voorschrijft hoe een arts met opgespoorde afwijkingen moet omgaan.

Bij het onderzoek naar baarmoederhalskanker, gaan artsen ervan uit dat abnormale of 'onrustige' cellen op de ontwikkeling van kanker duiden. Volgens een schaalverdeling van dr. Papanicolaou zijn er 5 ontwikkelingsstadia, te weten PAP I tot en met V, waarbij I op een normale celgroei duidt, terwijl II indicatie is van 'onrustige cellen', III betekent dat de patiënt nauwlettend in de gaten moet worden gehouden, IV op een voorstadium van kanker duidt en V het bewijs is van kwaadaardige cellen, die zich in rap tempo vermenigvuldigen. Aangezien het hele proces traag verloopt, zou een vroegtijdige opsporing van deze afwijkingen en snel ingrijpen – door middel van chirurgie, bestraling of door bevriezing van cellen – verdere ontwikkeling van kanker kunnen voorkomen of de kans op herstel vergroten. 'Hoe aannemelijk dit ook mag lijken, het is niet per definitie juist,' zegt professor McCormick, in verwijzing naar een in het *British Medical Journal* gepubliceerde studie naar de accuraatheid van cytologie – celonderzoek. Hieruit blijkt dat ongeveer 10% van de onderzochte vrouwen afwijkingen heeft aan het weefsel dat de baarmoederhals bekleedt, maar dat het merendeel van deze afwijkingen zich niet ontwikkelt tot kanker.[5]

Hoe baarmoederhalskanker precies ontstaat, is bij artsen niet bekend – wat in medische kringen tenslotte stilzwijgend wordt toegegeven. Hoewel abnormale celgroei bij veel vrouwen blijkt af te nemen als het weefsel met rust wordt gelaten, om vervolgens zelf te herstellen, vermenigvuldigen abnormale cellen bij sommige vrouwen zo snel, dat een tumor door middel van onderzoek om de drie of vijf jaar – volgens het overheidsadvies aan vrouwen – in veel gevallen niet op tijd wordt opgespoord. Al met al lijkt het voor artsen in veel gevallen niet verantwoord, om vrouwen met een afwijkend uitstrijkje de schrik van hun leven te bezorgen door kenbaar te maken dat zij een voorstadium van kanker hebben. Van alle uitstrijkjes die als PAP II en III worden aangeduid, zo toont onderzoek aan, zal ongeveer de helft zich binnen 2 jaar normaliseren, zonder dat zich later kanker ontwikkelt.[6]

De PAP-test geeft niet alleen geen duidelijke indicatie van de ontwikkeling van kanker, maar is ook onbetrouwbaar vanwege een grote kans op vergissingen. Volgens Canadees onderzoek kan een eenvoudige ontsteking in de vagina de uitkomst van de test beïnvloeden. En er is geen garantie dat kanker door middel van een uitstrijkje wordt opgespoord. Een in *The Lancet* gepubliceerde studie[7] toont aan dat er bij een bevolkingsonderzoek sprake was van 7 tot 60% valse negatieve uitslagen. Met andere woorden, van alle vrouwen die te horen kregen dat er geen abnormale cellen waren gevonden, had minimaal 7% wel degelijk afwijkingen.

Behandeling, vooraleer kanker manifest wordt, kan evenwel ernstige consequenties hebben. Beschadiging van het oppervlak van de baarmoederhals, als gevolg van bestraling of chirurgische verwijdering van weefsel, kan volgens sommige kankerspecialisten aanleiding zijn voor het ontstaan van nieuwe afwijkingen. In een aantal gevallen is de beschadiging zo groot, dat er sprake is van versmalling van de baarmoederhals. Hierdoor kunnen bij zwangerschap complicaties optreden, zoals een te vroege ontsluiting. Tevens zou de kans op een foutieve uitslag van het uitstrijkje in de toekomst nog groter zijn.

Cervicografie
In plaats van een uitstrijkje geven sommige geneeskundigen er de voorkeur aan om de baarmoederhals in te smeren met een zwakke oplossing van azijn. Als er sprake is van 'onrustige cellen' zullen deze zichtbaar worden als witte plekjes op het weefsel, die middels een foto – cervigram – kunnen worden vastgelegd. Deze techniek zou nauwkeuriger zijn dan het uitstrijkje, maar volgens sommige rapporten brengt de test meer valse positieve uitslagen voort dan het uitstrijkje.

Ongeveer 10% van de resultaten van cervicografie is foutief, zo blijkt uit onderzoek in de Londense *Marie Stopes Clinic*.[8] Van de 1.162 vrouwen die werden getest, bleek 19% abnormale cellen te hebben, hoewel deze afwijkingen door middel van het uitstrijkje slechts bij 1% van deze vrouwen werd vastgesteld. Dr. Elizabeth Hudson, hoofd van de *British Society for Clinical Cytology*, verklaarde dat de methode voor grootschalig gynaecologisch onderzoek is afgewezen vanwege het grote aantal valse positieve resultaten.

Mammografie (borstfotografie)
Van alle soorten kanker eist borstkanker, na longkanker, het grootste aantal slachtoffers op. In Nederland wordt jaarlijks bij 9.000 vrouwen

een kwaadaardige tumor in de borst ontdekt, en voor ruim een derde, ongeveer 3500 vrouwen, komt behandeling te laat. In navolging van de Verenigde Staten, waar jaarlijks 40.000 vrouwen aan de gevolgen van borstkanker overlijden, is in 1989 voorzichtig begonnen met bevolkingsonderzoek bij vrouwen van 50 tot 70 jaar. Sinds 1996 krijgt elke vrouw in deze leeftijdscategorie om de twee jaar een oproep om zich te laten testen. Ongeveer 80% van de vrouwen geeft hieraan gehoor.

Volgens dr. J.H.C.L. Hendriks, radioloog in het Radboudziekenhuis in Nijmegen en tevens werkzaam bij het *Landelijk Referentiecentrum voor Bevolkingsonderzoek op Borstkanker* (LRVB), kunnen door regelmatige screening 700 levens worden gered. 'Wij hopen dit resultaat te behalen in het jaar 2003,' zegt dr. Hendriks, die erop wijst dat de reële waarde van het bevolkingsonderzoek pas kan worden vastgesteld na een periode van tien jaar. Jaarlijks besteedt de overheid 70 miljoen gulden aan het onderzoek naar borstkanker. Een deel van dit geld is bestemd voor de opleiding van artsen en hun assistenten; in tegen stelling tot andere landen wordt mammografie in Nederland uitsluitend uitgevoerd door gecertificeerde medici.

In Amerika heeft het congres onder druk van borstkankeractivisten, besloten om nationale gezondheidsinstituten 50% meer te laten investeren in onderzoek naar borstkanker – tot ongeveer 132,7 miljoen dollar. Het *American College of Obstetricians and Gynecologists* pleit voor frequenter borstonderzoek bij vrouwen die ouder zijn dan 50 jaar. Zowel in de Verenigde Staten als in Nederland gaan ook stemmen op voor onderzoek bij vrouwen die jonger zijn dan 50 jaar – het LRVB pleit voor verlaging van de leeftijdsgrens naar 45 jaar. Maar bij hen is een tumor met behulp van mammografie moeilijk op te sporen, met name wanneer de periode tussen de eerste en de tweede test 2 jaar bedraagt. Dit onderzoek blijkt evenmin bijzonder geschikt voor het opsporen van kanker bij vrouwen die een familiegeschiedenis van borstkanker hebben, waarschijnlijk vanwege de snelle ontwikkeling van tumoren.

Onderzoekers van de *University of California* hebben de twijfels van verscheidene internationale gezondheidsorganisaties over borstonderzoek bij vrouwen die jonger zijn dan 50 jaar door een studie van mammografie bevestigd. Volgens het team van wetenschappers geven mammogrammen bij vrouwen die ouder zijn een beter beeld, omdat zij naar verhouding meer vetweefsel in hun borsten hebben. Andere onderzoeksresultaten die uit dezelfde studie voortkwamen, te weten medische gegevens van 28.271 vrouwen ouder dan 30 jaar, geven echter reden tot bezorgdheid. Zo blijken vrouwen die vanwege hun familieachtergrond een groter risico van borstkanker lopen, het minst gebaat bij mammografie.[9]

Op grond van de resultaten van een Zweeds overzichtsstudie, waarbij de uitkomsten van vijf onderzoeken bij in totaal meer dan 300.000 vrouwen bijeen werden gebracht, heeft het medisch establishment de conclusie, dat regelmatig controleonderzoek bij vrouwen boven de 50 jaar tot 30% minder sterfgevallen leidt, zonder meer overgenomen. Daarnaast luidt de algemene consensus, dat de voordelen van mammografie voor vrouwen in de jongere leeftijdscategorie niet zijn aangetoond.[10]

De befaamde borstkankerspecialisten Ismail Jatoi en Michael Baum van het *Royal Marsden Hospital* in Londen, schreven een uitzonderlijk achtergrondartikel over borstonderzoek, waarbij zij Amerikaanse artsen die mammogrammen maakten bij vrouwen die jonger zijn dan vijftig 'onzorgvuldigheid' verweten, omdat dit onderzoek in veel gevallen meer kwaad dan goed zou doen.[11] Ook het onderzoek bij vrouwen die de vijftig zijn gepasseerd, roept echter vragen op.

Het veelvuldig aangehaalde Zweedse overzicht bevat statistische gegevens die tot stand zijn gekomen door samenvoeging van bij drie leeftijdscategorieën - 40 tot 49, 50 tot 69 en 70 tot 74 jaar - vastgestelde waarden. Hoewel het overzicht een positief beeld schetst, met 29% reductie van de sterfte van 50-jarige vrouwen, is over het algemeen, voor vrouwen van 40 tot 70 jaar geen significant voordeel van mammografie aangetoond.

De uitkomsten van een andere Zweedse studie vormen een sterk argument tegen de aanbeveling van medische autoriteiten om alle vrouwen in de leeftijd van 40 tot 74 jaar om de anderhalf tot twee jaar op te roepen voor een controleonderzoek.[12] Uit die studie is namelijk gebleken, dat de kosten van het behandelen van vrouwen met een valse positieve uitslag – bij wie onterecht kanker is vastgesteld, maar liefst een derde van de totale kosten van het screeningsprogramma bedragen. Opmerkelijk is niet alleen deze conclusie, maar ook het feit dat wetenschappelijke onderzoekers zich voor het eerst hebben beziggehouden met de vraag wat de gevolgen, zowel emotioneel als financieel, zijn voor vrouwen die onterecht te horen krijgen dat zij kanker hebben.

Onderzoekers van het *South Hospital* in Stockholm hebben 352 vrouwen gevolgd, bij wie een foute diagnose van kanker was gesteld. Uit hun eindrapport blijkt, dat deze vrouwen maar liefst 1112 keer een arts bezochten, en konden terugkijken op 297 poliklinische biopsies, 90 biopsies onder algehele verdoving en 187 mammogrammen voor een second opinion, voordat zij te horen kregen dat ze geen kanker hadden. Na 6 maanden tijd was pas 64% gezond verklaard, over de gezondheid van de andere 127 vrouwen waren de artsen nog in conclaaf. Dit hele proces kostte 250.000 dollar, en vrouwen die jonger waren dan 50 jaar, en derhalve niet tot de risicogroep behoorden, draaiden voor 41% van deze kosten op. Het hele bedrag, zo hebben de onderzoekers berekend, beslaat een derde deel van de totale kosten van borstonderzoek naar kanker.

Nadere beschouwing van de statistische gegevens leert, dat het Zweedse overzicht feitelijk de enige studie is die duidelijk aantoont, dat vrouwen baat kunnen hebben bij borstfotografie. Uit de gegevens blijkt, dat vrouwen die een mammogram laten maken, inderdaad 30% meer kans hebben om te overleven na een diagnose van borstkanker, zoals al eerder door medici op grond van de resultaten van andere studies werd gesuggereerd. Hoewel het merendeel van deze studies geen duidelijk voordeel hebben aangetoond, was de eindconclusie van vele artikelen die naar aanleiding van dit onderzoek verschenen, dat de studies die het meest wetenschappelijk, oftewel objectief, waren, dat vrouwen baat kunnen hebben bij mammografie.[13]

James McCormick en wijlen Petr Skrabenek, die de spot dreven met wetenschappelijk onverantwoord medisch handelen, wijzen erop dat 3 van de 4 studies, waarbij proefpersonen willekeurig werden gekozen en vastgestelde waarden met die van een controlegroep werden vergeleken, 'er niet in slaagden om statistisch significante resultaten bij vrouwen van 50 jaar en ouder te behalen.'[14]

Omdat we weten dat de overlevingskansen bij borstkanker samenhangen met de grootte van de tumor, wordt als reden voor het onderzoek opgegeven, dat hoe eerder de tumor wordt opgespoord, des te kleiner die zal zijn, waardoor de kans op een succesvolle afloop van de behandeling groter is. Dr. Johannes Schmidt, epidemioloog en criticus van mammografie, wijst erop dat er bij deze redenering geen rekening wordt gehouden met het feit dat tumoren zich niet altijd in hetzelfde tempo ontwikkelen.[15]

In een hoofdredactioneel artikel heeft de *The Lancet* toegegeven, dat het aantal vrouwen dat aan borstkanker overlijdt, ondanks regelmatig borstonderzoek en een scala van behandelmethoden, niet afneemt: 'Laten we ophouden te jammeren dat screening succesvol zou kunnen zijn als we meer ons best zouden doen, en laten we onszelf eens gaan afvragen waarom deze aanpak zo teleurstellend is.'[16] Een reden zou kunnen zijn, dat mammografie eigenlijk tot stijging van het sterftecijfer leidt. Het is een feit dat talloze studies aantonen, dat van de vrouwen die jonger zijn dan 50 jaar naar verhouding meer vrouwen overlijden die gehoor gaven aan een oproep voor borstonderzoek dan vrouwen die nooit een borstfoto hebben laten maken.

De in 1993 gepubliceerde resultaten van de Canadese *National Breast Cancer Screening Trial*, waarbij 50.000 vrouwen in de leeftijd van 40 tot 49 jaar werden onderzocht, tonen aan, dat bij deze vrouwen verhoudingsgewijs meer tumoren zijn opgespoord. Niet alleen konden met deze screening geen levens worden gered, bij de groep vrouwen die voor het eerst een borstfoto liet maken was het sterftecijfer 36% hoger dan bij de vrouwen die al bekend waren met mammografie.[17] Drie Zweedse studies hebben vergelijkbare resultaten opgeleverd, evenals een aantal studies uit New York.

De hogere mortaliteit zou een aanwijzing kunnen zijn voor de inaccuraatheid van mammografie, waarbij tumoren worden geregistreerd die geen levensbedreigend probleem zouden vormen als ze met rust waren gelaten. Dit is ongeveer wat Schmidt suggereert, wanneer hij erop wijst dat als gevolg van mammografie het aantal geregistreerde gevallen van borstkanker met 25 tot 50% is toegenomen. Hier kunnen we twee dingen uit afleiden: ten eerste dat het extra aantal tumoren die in eerste instantie goedaardig zijn, voor een stijging van het overlevingscijfer van alle gescreende vrouwen zorgt. Ten tweede is, volgens Schmidt, de kans dat aan de hand van een mammogram een goedaardige afwijking wordt gevonden – en overmatig wordt behandeld, 10 keer groter dan de kans dat met dit onderzoek de dood van een enkele vrouw met borstkanker wordt voorkomen.

Onderzoek van de *Departments of Radiology and Surgery* van het *Brighton and Women's Hospital* van *Harvard Medical School*, heeft uitgewezen, dat slechts 26,1% van de 1261 vrouwen die te horen hadden gekregen dat hun mammogram afwijkingen vertoonde een kwaadaardige tumor had. Met andere woorden, een vlekje op de foto was in één op de vier gevallen een teken van kanker. Bij patiënten die door andere radiologische afdelingen naar het medisch centrum van *Harvard University* waren doorverwezen, was dit percentage nog lager, namelijk 16,7%.

Dr. Michael Swift, hoofd van de faculteit voor medische erfelijkheidsleer van *North Carolina University*, onderzocht 1.600 vrouwen die een mammogram hadden laten maken en ontdekte dat röntgenstraling tot een zes- tot zevenvoudige verhoging van het risico van borstkanker leidde bij vrouwen met het zogenaamde *ataxia-telangiectasia*-gen. Volgens dr. Swift zijn vrouwen met dit gen – ongeveer 1 miljoen vrouwen in de Verenigde Staten – extra gevoelig voor straling, waardoor 'ontstellend lage doses straling' voor hen al gevaarlijk zijn, met een grote kans op kanker. Hij schat, dat 5.000 tot 10.000 van de 180.000 gevallen van kanker die jaarlijks in de Verenigde Staten worden geregistreerd, voorkomen hadden kunnen worden als vrouwen met dit gen een borstfoto bespaard was gebleven.

Behalve genetische aanleg voor kanker, kan het fysieke trauma dat door mammogrammen wordt veroorzaakt, ervoor zorgen dat kankercellen zich in het lichaam verspreiden. De druk die bij het maken van en borstfoto wordt uitgeoefend bedraagt 200 newton, het equivalent van twintig kilopakken suiker op elke borst. Een aantal moderne machines, die met een voetpedaal worden bediend, oefenen een nog grotere druk uit, gelijk aan dertig pakken suiker. Deze druk is nodig om met een beperkte hoeveelheid straling een goede foto te kunnen maken.

Sommige onderzoekers, recent ook medewerkers van het *Royal Jubilee Hospital* in Victoria, Brits Columbia, speculeren, dat de druk die tijdens het maken van een mammogram op de borst wordt uitgeoefend, ertoe leidt dat eventuele cysten in de borst kunnen scheuren, waardoor kankercellen zich kunnen verspreiden. Dit verschijnsel is vastgesteld bij dierproeven; als op een tumor druk wordt uitgeoefend, bijvoorbeeld door erin te knijpen, en het omhulsel raakt beschadigd, dan kan het risico van uitzaaiingen in andere delen van het lichaam toenemen tot wel 80%.[18]

Niettemin is er grote weerstand tegen verandering. Toen het onderzoek naar borstkanker in de Zweedse provincie Alvsbourg naar aanleiding van een raadsbesluit werd stopgezet, leidde dit tot groot protest. De inspecteur voor de gezondheidszorg, dr. Christer Enkvist, die de provinciale raad had geadviseerd, dat de voordelen van het bevolkingsonderzoek 'te verwaarlozen' waren en het risico van voorbarig medisch ingrijpen hier niet tegen opwoog, werd door de medische pers aan de schandpaal genageld. Hoewel de meerderheid van de raadsleden voor afschaffing van het onderzoek had gestemd, omdat 'het geld dat ermee is gemoeid, beter kan worden besteed aan de behandeling van kankerpatiënten', waren de boze reacties van artsen voor politieke partijen aanleiding om een campagne voor borstonderzoek te starten. Bij gevolg werd het raadsbesluit na enige tijd teruggedraaid. 'We hebben ons gerealiseerd, dat we een fout hebben gemaakt,' zo luidde het commentaar van de provincieraad. De vraag die onbeantwoord blijft is: was dit een politieke of een medische fout?[19]

Biopsie

Wanneer bij een vrouw door middel van een borstfoto een verdacht knobbeltje wordt geconstateerd, zal de arts chirurgisch een stukje weefsel verwijderen voor microscopisch onderzoek. Deze procedure, waarbij onder lokale verdoving een dikke naald in de borst wordt gebracht, heet *biopsie*. Een kwart van de vrouwen ondervindt extra hinder van de ingreep, in die zin dat de wond geïnfecteerd raakt of de borst tijdelijk ontsierd is door bloeduitstortingen.[20]

Een minder drastische methode is een biopsie, waarbij met behulp van een injectienaald vocht uit de borst wordt getrokken, op de plaats waar op het mammogram een afwijking zichtbaar is. Het gevaar bestaat echter dat, als een arts hier niet ervaren in is, de long wordt geperforeerd, waardoor lucht in de borstkas stroomt en de long inklapt. Van 74.000 biopsies die met een injectienaald zijn uitgevoerd, werd in 133 gevallen de long van een patiënt geperforeerd.[21]

Echografie

De negatieve berichten over mammografie en andere toepassingen van röntgenstraling zijn voor wetenschappers reden om hun aandacht op alternatieven te richten. Een optie voor borstonderzoek is *echografie*, waarbij de borst met behulp van de echo van geluidsgolven in beeld wordt gebracht. Aangezien de apparatuur voor het maken van een zogeheten *echogram*, inclusief het apparaat dat de geluidsgolven uitzendt en hun echo's registreert, steeds meer is geperfectioneerd, is de toepassing van echografie aanmerkelijk toegenomen. Behalve voor borstonderzoek, wordt echografie momenteel gebruikt voor het diagnosticeren van hartkwalen, verscheidene vormen van kanker, vaataandoeningen, en voor onderzoek van organen, zoals de hersenen, lever, milt, baarmoeder en de placenta.

Het succes van echoscopie is voor een groot deel afhankelijk van de vaardigheid van degene die de apparatuur bedient, aangezien een echogram moeilijk af te lezen is. Derhalve bestaat er een grote kans op vergissingen, met name door misinterpretatie van lichter of donker gekleurde facetten. Zo is foetaal haar voor een ernstige zenuwaandoening gehouden, en zag een medisch assistent de blaas van een patiënt voor een tumor in het bekken aan. Deze uiterst pijnlijke missers worden in veel gevallen veroorzaakt door foutieve opstelling van de apparatuur.[22]

En dan is er nog de kwestie van foutieve echo's, waarbij dingen in beeld worden gebracht die er niet zijn. Zo kan de onregelmatige vorm van het middenrif voor problemen zorgen, evenals een orgaan met een grote oppervlakte, zoals de blaas. Als het geluid niet goed weerkaatst, kan dat tot vervorming van het werkelijke beeld leiden, zowel door weergave van een andere grootte, vorm, positie en helderheid van delen van de inwendige structuur. Dit zal de diagnose uiteraard beïnvloeden.

Voor borstonderzoek wordt doorgaans gebruik gemaakt van apparatuur voor *real-time* geluidsweergave met hoge resolutie, die ervoor zorgt dat je op het scherm kunt zien wat de apparatuur op dat moment in het lichaam registreert. Een test neemt ongeveer tien minuten in beslag, en leidt in de meeste gevallen tot een juiste diagnose. Uit een proef met 100 vrouwen die minstens één knobbeltje in een van de borsten hadden, is gebleken dat dit bij 74,8% van de vrouwen aan de hand van het echogram kon worden gelokaliseerd. Dit betekent natuurlijk, dat men er bij een op de vier vrouwen naast zat. In 10 gevallen werden goedaardige cysten voor tumoren aangezien, terwijl een cyste en een abces over het hoofd onopgemerkt bleven.[23]

Een ander soort echoscoop, genaamd Doppler, meet de snelheid waarmee bloed stroomt; in kwaadaardige tumoren is het tempo anders dan in de rest van het lichaam. De accuraatheid van deze techniek, waarbij de registratie in het lichaam in kleur wordt weergegeven, staat echter ter discussie. Voor het opsporen van borstkanker is Doppler effectief gebleken in 82% van de gevallen.[24] Als het niet alleen gaat om het opsporen van kanker, maar ook om het vaststellen van het type tumor, bedraagt de accuraatheid van deze echoscoop echter slechts 46,9%, zo blijkt uit grootschalig onderzoek.[25] Een derde onderzoek heeft evenwel uitgewezen, dat een kwaadaardige tumor door middel van Doppler in 83 tot 100% van de gevallen kan worden opgespoord, terwijl het apparaat minder geschikt is voor de detectie van goedaardige afwijkingen, waarvan gemiddeld 51 tot 61% wordt opgespoord.[26]

Volgens sommige onderzoekers is Doppler het meest geschikt als aanvulling op de conventionele echoscopische techniek.[27] Intussen staat de technische ontwikkeling echter niet stil, en het lijkt er op dat een nieuwe, meer geavanceerde versie van Doppler betere resultaten oplevert. Momenteel wordt de echoscoop gebruikt voor vergelijking van het kleurenspectrum van tumoren met dat van omliggend gezond weefsel; kwaadaardige tumoren hebben een diepere kleur met scherpe contouren. Toen de verfijnde techniek bij 70 patiënten werd getest, bleef slechts één tumor onopgemerkt.[28]

Tot nu toe is de meest accurate methode voor het opsporen van tumoren een echoscopisch onderzoek in combinatie met een snel uitgevoerde biopsie, waarbij een kleine hoeveelheid weefsel van een op het echogram zichtbaar geworden tumor wordt verwijderd voor microscopisch onderzoek. In een faculteit in Duitsland is door middel van deze procedure een slagingspercentage van bijna 100% bereikt.[29]

Volgens professor William Lees, hoofd van de afdeling radiologie van het *UCL Hospital Trust* in Londen, is de integratie van Doppler in de echoscopische procedure bevorderlijk voor het zelfvertrouwen van degene die het onderzoek uitvoert, waardoor optimaal gebruik van de techniek kan worden gemaakt. Professor Lees gaat ervan uit, dat iemand die ervaren is in het bedienen van de apparatuur veel meer accuratesse aan de dag legt, en dat het aantal juiste diagnoses groter is, dan de uitkomsten van het onderzoek suggereren, namelijk meer in de buurt van 85%.

Het is mogelijk dat echoscopie ongeveer even accuraat is als mammografie. Een vergelijkend onderzoek bij 80 patiënten met zowel goedaardige als kwaadaardige laesies toont aan, dat aan de hand van mammogrammen 5 tumoren werden opgespoord die bij een echoscopisch onderzoek onopgemerkt waren gebleven, terwijl door middel van echoscopie 9 tumoren werden getraceerd die niet zichtbaar waren op een mammogram. In een andere vergelijkende studie werden met behulp van een echoscoop 4 tumoren gevonden die nog niet voelbaar waren.[30]

Momenteel wordt echoscopie niet geschikt geacht voor het opsporen van kanker, met name vanwege een tekort aan medisch personeel dat ervaren is in het bedienen van de apparatuur. Professor Lees beaamt dat deze methode van groter nut is voor eerstelijns borstonderzoek, nadat reeds een knobbeltje in de borst is geconstateerd, dan voor grootschalig bevolkingsonderzoek. En dat echoscopisch onderzoek het beste in combinatie met een biopsie kan worden uitgevoerd.

Volgens dr. Alan McKinna, een consulterende borstkankerspecialist, vertrouwen de meeste artsen liever niet uitsluitend op de uitslag van echoscopie of mammografie; door middel van echoscopie worden de knobbeltjes die je kunt voelen opgepikt, en blijft een aantal dat niet voelbaar is onopgemerkt, terwijl aan de hand van een mammogram onzichtbare knobbeltjes worden opgespoord, terwijl grote, tastbare knobbeltjes zelden in beeld komen. Om tot een zo nauwkeurig mogelijke diagnose te komen, passen veel artsen beide technieken toe.

Eierstokkanker

In de Verenigde Staten worden vrouwen routinematig gecontroleerd op eierstokkanker. Dit wijdverbreide onderzoek is aangespoord door de publiciteit naar aanleiding van de dood van de actrice en comédienne Gilda Radner, die in 1989 op 42-jarige leeftijd aan eierstokkanker overleed. Sindsdien wordt in Amerikaanse ziekenhuizen bij vrouwen regelmatig gynaecologisch onderzoek gedaan, inclusief echoscopieën en bloedtesten.

Deze praktijk, die voor veel en vaak onnodige ongerustheid zorgt, druist in tegen de aanbevelingen van de Amerikaanse overheid. De *National Institutes of Health* (NIH) hebben zich recent uitgesproken tegen routinematig onderzoek, omdat dit inaccuraat en zelfs gevaarlijk zou zijn. Volgens de NIH zijn deze testen zo onbetrouwbaar, dat chirurgen nodeloos operaties hebben uitgevoerd bij vrouwen die de ziekte niet hebben. Zelfs als artsen wel reden hebben om te opereren, is het daarvoor vaak al te laat als de kanker zich heeft geopenbaard. Slechts in een kwart van de gevallen wordt eierstokkanker opgespoord op een moment dat behandeling nog zin heeft.

Prostaatkanker

Artsen sporen mannen die ouder zijn dan 50 jaar aan om zich regelmatig te laten onderzoeken op prostaatkanker, na hart- en vaatziekten de belangrijkste doodsoorzaak bij oudere mannen. Voor dit onderzoek wordt één van 3 technieken gebruikt, in medische kringen bekend als *prostate-specific antigen* (PSA), *transrectal ultrasound* (TRUS) en *digital rectal examination* (DRE). Uit een analyse van onderzoekers van het *Toronto Hospital* in Ontario, Canada, blijkt echter dat aan deze onderzoeksmethoden meer nadelen dan voordelen kleven. In de praktijk is er namelijk sprake van een relatief groot aantal foute diagnoses, waarbij in sommige gevallen onnodig operaties zijn uitgevoerd. Bij een derde van de slachtoffers heeft dit tot incontinentie en impotentie geleid.[31] Bovendien is niet wetenschappelijk aangetoond, dat mannen die een operatie ondergaan langer leven dan mannen die afzien van prostaatverkleining en onder controle van een arts blijven.

Uit een onderzoek is gebleken, dat 366 mannen die na een PSA-test gezond waren verklaard, toch prostaatkanker kregen, terwijl met behulp van deze test slechts bij 47% van de mannen die al kanker hadden hogere waarden werden gemeten - die op de aanwezigheid van kanker duiden.[32] Recent is ontdekt, dat de kans op afwijkingen bij PSA groot is als de man in de voorgaande 2 dagen een zaadlozing heeft gehad. Mannen die ouder zijn dan 40 jaar hebben na ejaculatie een zeer hoge PSA score, die na zes uur lager wordt en pas 48 uur later weer normaal is.[33]

Wanneer is onderzoek noodzakelijk?

Als je bij jezelf en verdacht knobbeltje hebt waargenomen, zal vrijwel elke arts een of andere scan adviseren. Volgens Harald Gaier, een erkend homeopaat en medewerker van het medisch dossier *Wat artsen je niet vertellen*, is het echter bijzonder moeilijk om aan de hand van een scan de goed- of kwaadaardigheid van een knobbeltje vast te stellen, en is een biopsie hiervoor een beter middel.

Niettemin is het mogelijk, zegt hij, om een idee van de aard van het knobbeltje te krijgen door de borst te betasten. Als er sprake is van pijn, verandering van het formaat gedurende de menstruele cyclus en het knobbeltje gemakkelijk kan worden bewogen en niet hard is, terwijl er vermoedelijk meerdere van zijn, betekent dit dat er waarschijnlijk geen sprake is van kanker. Kwaadaardige knobbeltjes daarentegen zijn meestal hard, onregelmatig, niet gevoelig en stijf. Zo wijst een knobbeltje dat tijdens de menstruatie onveranderlijk is, rimpelvorming veroorzaakt van de erboven liggende huid, of dat zich vasthecht aan bovenliggende huid of een onderliggende spier, op kanker.

Afscheiding kan volgens Gaier kan meerdere betekenissen hebben. Bloeddoorlopen afscheiding uit de borst kan een teken zijn van kanker, of van een kwaadaardige mastitis – ontsteking van de borstklier. Een groene of gelige afscheiding wordt altijd door mastitis veroorzaakt; een waterige afscheiding wijst op een vroege zwangerschap en wanneer er geen borstvoeding wordt gegeven is een melkachtige afscheiding een teken van een allergie voor een medicijn. Pijn in de borst is op zich geen reden voor alarm, hoewel het wel een aankondiging van borstkanker kan zijn. Vaker is pijn een van de vele symptomen van PMS en kan samengaan met borst abcessen of een schimmelinfectie. .

Gezien de grote inaccuraatheid van het vaginale uitstrijkje, is het van belang om zelf goed op te letten of er tekenen zijn van baarmoederhalskanker. Een vroege waarschuwing, zegt Professor McCormick, is een bloeding tussen twee menstruatieperioden, bijvoorbeeld na het vrijen, en een aanhoudende vaginale afscheiding, die troebel in plaats van wit is. Als je deze signalen niet negeert, maar direct actie onderneemt, ben je er in de meeste gevallen op tijd bij.

De kans op baarmoederhalskanker neemt toe met het aantal seksuele partners, roken, het gebruik van de pil of andere oestrogenen, seksueel overdraagbare aandoeningen en naarmate je op jongere leeftijd met vrijen bent begonnen. Als jij niet tot een van deze categorieën behoort, laat je dan niet door een dokter overhalen om hem een uitstrijkje te laten maken.

Is er voldoende reden voor onderzoek, dan zou je de arts om een colposcopie kunnen vragen. Hierbij kijkt de arts door een soort microscoop naar de baarmoederhals en maakt eventueel foto's – zonder gebruik te maken van röntgenstralen. Onderzoek bij 45.000 vrouwen in Delhi, India, toont aan, dat door middel van visueel onderzoek 75% van de kwaadaardige afwijkingen werd opgespoord.[34]

Voor mammografie geldt dat artsen over het algemeen het belang van zelfonderzoek van de borst bagatelliseren, hoewel uit onderzoek is gebleken, dat 'negentig procent van de tumoren in de borst door vrouwen zelf wordt gevonden.' Bij de 33.000 vrouwen die in zeven jaar tijd de *Pennine Breast Screening Assessment Clinic* in het Britse Huddersfield consulteerden, bleek het aantal sterfgevallen door borstkanker dankzij zelfonderzoek 20% kleiner. Hoewel sommige kwaadaardige afwijkingen die op een mammogram zichtbaar worden, niet voelbaar zijn van buitenaf, is het omgekeerde ook mogelijk. Volgens een onderzoeker geeft routinematig medisch onderzoek vrouwen een vals gevoel van veiligheid.

Als je geen mammogram wilt laten maken, controleer dan regelmatig zelf je borsten of ga hiervoor naar de huisarts. Als hij hiertoe niet bereid is, of weinig ervaring heeft met lichamelijk onderzoek, kun je om een verwijsbrief voor een vrouwenkliniek vragen, of naar een andere dokter stappen. Denk je dat een mammogram noodzakelijk is, laat je dan eerst goed informeren, en laat de foto maken in een kliniek waar men beschikt over geavanceerde apparatuur die van weinig straling gebruik maakt. Vraag ook hoeveel mammogrammen er worden gemaakt. Het *American College of Radiology* adviseert om het onderzoek te laten uitvoeren door een arts die minstens tien mammogrammen per week bestudeert. De apparatuur dient tenminste een keer per jaar te worden getest.

Wordt een knobbeltje gevonden, ofwel door mammografie, of door zelfonderzoek, dan dien je te laten vaststellen of het kwaadaardig is. In sommige gevallen zal blijken, dat het om een goedaardige cyste gaat. Als je dokter zegt dat je een cyste hebt, maar je toch voor een biopsie naar het ziekenhuis wil sturen, ga dan na of dit echt noodzakelijk is.

Als een knobbeltje goedaardig blijkt te zijn, en je laat vervolgens voor alle zekerheid jaarlijks een mammogram maken, zal dit onnodig ongerustheid veroorzaken. In feite creëer je daarmee een probleem dat er in werkelijkheid niet is. Dr. Ellen Grant, auteur van *The Bitter Pill*, waarschuwt dat een goedaardig knobbeltje erop wijst, dat er onvoldoende antioxidatie in je lichaam plaatsvindt, mogelijk als gevolg van een tekort aan voedingsstoffen. Als je regelmatig aan röntgenstralen wordt blootgesteld, valt een deel van de antioxidanten in het lichaam uiteen, en word je, als de voorraad niet voldoende wordt aangevuld, meer ontvankelijk voor kanker. Laat dit onderzoek daarom uitsluitend doen als je er een goede reden voor hebt.

Hoewel het effect op langere termijn niet bekend is, lijkt de echoscopie een veiliger methode. Voor een juiste diagnose is het wel van belang, dat de apparatuur wordt opgesteld en bediend door iemand die ervaren is met deze techniek. Aarzel niet om te vragen hoe goed hij of zij is in diagnosticeren en of er wel eens een tumor over het hoofd is gezien. Spreek je voorkeur uit voor een radioloog die gespecialiseerd is in echoscopie, en informeer ook naar de technische staat van de apparatuur. Zo voorkom je pijnlijke missers.

3 Conventionele behandeling

Vertrouwen in de behandeling en een goede afloop is volgens de Amerikaanse kankerspecialist Bernie Siegel, auteur van *Love, Medicine & Miracles* en *Living, Loving and Healing*, de absolute voorwaarde voor genezing. Als je er absoluut van overtuigd bent dat je beter zult worden, is de weg die je kiest van secundair belang.

Dr. Siegel is getuige geweest van 'wonderbaarlijke genezingen', zowel van kankerpatiënten die chemotherapie volgden als van mensen die hun hoop hadden gevestigd op andere conventionele behandelingen. Velen van hen hadden deelgenomen aan zijn *Exceptional Cancer Patients*-programma, waarbij patiënten in individuele en groepstherapeutische sessies worden aangemoedigd om hun emoties te uiten, niet alleen door veel te praten, maar ook door te tekenen en hun dromen en fantasieën op papier te zetten. Niettemin zijn aan conventionele behandelingen vele risico's verbonden.

Het is de moeite waard om de bevindingen van wijlen Dr Hardin Jones, professor aan de University of California in Berkeley in ogenschouw te nemen. Nadat hij gedurende tientallen jaren de statistische gegevens van mensen die waren genezen had geanalyseerd, kwam dr. Jones in 1975 tot de conclusie dat patiënten die geen enkele medische behandeling ondergaan even goed of zelfs beter af zijn dan mensen die wel medisch worden behandeld. Deze conclusie, hoe vreemd die ook mag klinken, is nooit weerlegd, en in later onderzoek overeind gebleven.

Hoe effectief is chirurgie?
Aan het einde van de 19e eeuw kon een kankerpatiënt ervan uitgaan dat hij onder het mes kwam. Chirurgen sneden niet alleen de tumor weg, maar ook grote hoeveelheden omliggend, gezond weefsel, om er zeker van te zijn dat ze 'alles hadden'. Zo werd bij hoofd- en nekkanker een

deel van de kaak verwijderd. Een vrouw met borstkanker raakte niet alleen de borst en de lymfeklieren kwijt, maar ook een groot deel van de borstwand. En iemand met bekkenkanker of kanker aan interne organen had een grote kans om een derde van het onderlichaam te verliezen.

Hoewel de behandelingen tegenwoordig minder verminkend zijn, gaan veel artsen er nog steeds vanuit dat tumoren, tot en met de laatste kankercel, operatief dienen te worden verwijderd. Gebeurt dit niet, zo vrezen zij, dan zou de kanker op dezelfde plaats terug kunnen komen. Steeds meer artsen staan evenwel behoudende chirurgie voor, waarbij organen zoveel mogelijk worden gespaard, en er worden steeds vaker andere opties afgewogen alvorens tot een operatie wordt overgegaan. Toch houdt de gedachte stand, ook bij chemotherapie en bestraling, dat kankercellen zoveel mogelijk moeten worden geëlimineerd.

De Amerikaanse chirurg Richard Evans is een van de weinige kankerspecialisten die de moed heeft om deze visie aan de kaak te stellen. Door intensieve bestudering van medische literatuur over kanker ontdekte dr. Evans dat patiënten met uiteenlopende vormen van kanker, die een behoudende operatie ondergaan, geen dag eerder sterven dan mensen met dezelfde kanker die behalve een operatie ook een chemokuur en radiotherapie krijgen. Met andere woorden, zo stelt hij: 'De overlevingskansen worden niet nadelig beïnvloed, wanneer tumorcellen met rust worden gelaten en de patiënt eenvoudigweg onder observatie blijft'.[1] Hoewel de kans dat kanker plaatselijk terugkeert iets groter is bij uitsluitend een chirurgische ingreep, gaat dr. Evans ervan uit dat het lichaam de tijd moet krijgen om zichzelf te herstellen, en dat eventuele nieuwe problemen moeten worden aangepakt op het moment dat ze zich voordoen. Dit geldt ook voor sarcomen – kwaadaardige tumoren uit bindweefselcellen, zoals kanker van spieren of vet, en huidkanker. Hij citeert studies die aantonen, dat het aanhouden van iets grotere marges – één tot twee centimeter – bij het operatief verwijderen van bepaalde tumoren, de overlevingkans van de patiënt niet nadelig beïnvloedt. En dat die kans even groot is als bij additionele chemotherapie en bestraling, terwijl een chirurgische ingreep niet gepaard gaat met de ernstige bijwerkingen van deze therapieën.

Een operatie volstaat vaak voor bepaalde vormen van kanker in een vroeg stadium: kanker van de maag, dikke darm, baarmoederhals, rectum, schildklier, huid, borst en teelballen. Op voorwaarde dat er snel wordt ingegrepen, leidt een besparende operatie niet tot vermindering van de overlevingskansen. Dit blijkt ook uit onderzoek bij willekeurige patiënten met endeldarmkanker, bij wie de darmfunctie bleef gespaard.[2] Niettemin luidt de conclusie van een belangrijk onderzoeksrapport, *The Efficacy of Surgical Treatment of Cancer*[3], dat er geen wetenschappelijk bewijs is, dat een operatieve ingreep bepalend is voor de overlevingskansen van mensen met kanker – hetgeen suggereert dat kanker niet een ziekte van een deel van het lichaam is, maar eerder een algehele lichamelijke conditie.

Een tweede rapport, *The Efficacy of Surgical Treatment of Breast Cancer*[4], verwerpt het standpunt van veel artsen, dat mammografie – borstonderzoek – de kansen van een snelle detectie van borstkanker en een borstsparende operatie bevordert. Bestudering van de resultaten van zes studies naar borstkanker die deze visie onderschrijven, heeft tot de conclusie geleid dat de uitkomsten van dit onderzoek op velerlei manieren kunnen worden geïnterpreteerd. Zo laat het enerzijds zien dat de opsporing van ingekapselde tumoren tot een kleine afname van sterfte heeft geleid, terwijl anderzijds borstonderzoek waarbij slechts een gering aantal tumoren werd opgespoord tot de grootste daling van het sterftecijfer heeft geleid. Volgens Don Benjamin van de *Cancer Information and Support Society* in New South Wales betekent dit dat de mortaliteitsreductie niet kan worden toegeschreven aan chirurgie.

Borstoperatie
Bij een borstoperatie wordt in veel gevallen, uit voorzorg, meer weefsel verwijderd dan noodzakelijk is. En krijgt de patiënt een grote dosis medicatie en bestraling. Terwijl de media melding maken van een doorbraak in de behandeling van borstkanker, met nieuwe borstbesparende operaties en borstreconstructie, is er in werkelijkheid nauwelijks sprake van vooruitgang. 'In honderd jaar tijd is de behandeling van borstkanker geëvolueerd van niet opereren naar een radicale behandeling en weer terug naar een meer conservatief beleid, zonder dat het sterftecijfer is

gereduceerd,' zo stelt dr. F. Scanlon van de *Northwestern University Medical School* vast.[5]

In de 20e eeuw bestond de standaardprocedure voor borstkanker uit radicale mastectomie, oftewel een verminkende operatie, waarbij de borst geheel of gedeeltelijk werd verwijderd, evenals de lymfeklieren en een groot deel van de huid en borstwand. Deze procedure is ongeveer honderd jaar geleden door dr. William Halsted ontwikkeld. Kort na de Tweede Wereldoorlog liet onderzoek in drie ziekenhuizen in Illinois zien, dat de overlevingsstatistieken gedurende een periode van vijf tot tien jaar, amper werden beïnvloed door toepassing van een radicale mastectomie, gedeeltelijke mastectomie of uitsluitend verwijdering van de tumor. Uit een analyse van de medische gegevens van 8.000 vrouwen met borstkanker, die in 1969 werd gepubliceerd door het medisch tijdschrift *The Lancet*[6], bleek eveneens dat de kans dat deze vrouwen overleefden in geringe mate werd bepaald door de soort operatie die zij hadden ondergaan. Niettemin bleef de meerderheid van de chirurgen op de procedure van Halsted vertrouwen. Pas eind jaren zeventig, begin tachtig, durfden artsen het aan om de borstwand intact te laten of een beperkte mastectomie uit te voeren, waarbij alleen de borst werd verwijderd.

Evenals eerdere studies hebben talloze onderzoeken in de jaren tachtig uitgewezen, dat mastectomie geen voordeel biedt in vergelijking tot een borstsparende operatie, zoals verwijdering van uitsluitend de tumor of een gedeelte van de borst. Onderzoek in het kader van het Amerikaanse *National Surgical Adjuvant Breast and Bowel Project* in Pennsylvania, waarvoor 2.000 vrouwen gedurende negen jaar werden gevolgd, toonde aan dat het om te kunnen overleven voor vrouwen, die geen uitzaaiingen hadden, niet veel uitmaakte of zij een totale of gedeeltelijke mastectomie ondergingen.[7]

Op grond van dergelijk vergelijkend onderzoek raadde het Amerikaanse *National Institute for Health* (NIH) in 1990 chirurgen aan om borstsparende operaties uit te voeren, in plaats van borstamputatie, voor vrouwen met borstkanker in stadium I of II. Dit houdt in dat alle vrouwen met een tumor van hooguit vier centimeter doorsnee in de borst, waarbij geen borstspieren of bovenliggende huid is aangetast, in aanmerking dienden te komen voor een borstsparende operatie.

Artsen namen destijds aan dat als de lymfeklieren waren aangetast, dit een bewijs was voor uitzaaiing van kanker en reden voor een radicale borstamputatie. Het NIH achtte de betrokkenheid van de lymfeklieren echter niet van belang; ook in dat geval zou een borstbesparende operatie kunnen volstaan. In de praktijk legden veel artsen het advies van het NIH echter naast zich neer, waardoor een groot aantal vrouwen met borstkanker in een vroeg stadium nodeloos een radicale mastectomie heeft ondergaan. Een onderzoeksteam uit Seattle, dat medische gegevens over kanker tussen 1983 en 1989 bestudeerde, kwam tot de conclusie dat in die periode aan minder dan een derde van de vrouwen met kanker in fase I of II een borstsparende operatie was aangeboden.[8] Bovendien was het aantal vrouwen na 1985 verhoudingsgewijs nog kleiner. Dit onderzoek heeft ook uitgewezen dat artsen nalieten om vrouwen, die de menopauze achter de rug hadden, radiotherapie aan te bieden. En dat zij mastectomie eerder aan oudere dan aan jongere vrouwen adviseerden, ook al hadden deze vrouwen hetzelfde stadium van borstkanker. De kans op een borstsparende operatie nam toe naarmate de vrouwen welgestelder en beter opgeleid waren, en hing voor een groot deel af van waar zij woonden. Twee artikelen in het *New England Journal of Medicine*[9] laten zien dat in bepaalde delen van de Verenigde Staten vrouwen vaker een borstbesparende operatie wordt voorgesteld dan in andere. In noordoostelijke staten werd 17% van de vrouwen voor deze keuze gesteld, terwijl dit voor 20% van de vrouwen in de Atlantische staten en voor 5,9 tot 7,3 procent in het zuiden van het land gold. In ziekenhuizen in stedelijke gebieden was vaker een borstsparende operatie mogelijk dan in klinieken op het platteland, evenals in academische ziekenhuizen, grote ziekenhuizen en klinieken die over bestralingsapparatuur beschikken. Interessant is dat naar verhouding de meeste borstsparende operaties werden uitgevoerd in de zeventien staten waar volgens de wet *informed consent* is vereist, hetgeen betekent dat patiënten de arts toestemming moeten geven, op basis van aan hen verstrekte informatie over behandelingsmogelijkheden.

Gebrek aan informatie is in veel gevallen de reden dat vrouwen met borstkanker argwaan hebben voor een borstsparende ingreep. Ook de houding van artsen speelt hierbij een belangrijke rol. In een brief aan het *Journal of American Medical Assistents* schrijft dr. Michael G. Sarr: 'Veel vrouwen zien mastectomie als een directe en volledige oplossing van het probleem, zonder de noodzaak van radiotherapie na de operatie. De acceptatie, beter gezegd voorkeur, van mastectomie boven een borstsparende operatie, door de meerderheid van onze patiënten ... impliceert, dat deze patiënten positief staan tegenover het verlies van de borst.'[10] Inderdaad, Sarr wil ons doen geloven dat vrouwen zelf borstamputatie verkiezen. Ook een aantal andere bekende kankerspecialisten heeft geprobeerd om aan te tonen dat vrouwen die een borst zijn kwijt geraakt geen groter trauma beleven, dan vrouwen wier borst gespaard is gebleven. Zo registreerde de bekende borstkankerspecialist Michael Baum, die samen met een aantal collega's uit Londen en Manchester de psychologische gevolgen van borstamputatie vergeleek met die van een borstsparende operatie, dat ongeveer een kwart van alle patiënten depressief, angstig en ongerust was.[11] Op grond van dit onderzoek concludeerde hij: 'Er is nog steeds geen bewijs, dat vrouwen met borstkanker in een vroeg stadium, die een borstsparende operatie ondergaan, minder psychiatrische morbiditeit – ziekte – aan de behandeling overhouden dan diegenen, bij wie mastectomie wordt toegepast.' Opvallend is dat dit onderzoek uitwees, dat patiënten die werden behandeld door een chirurg die de keuze van een borstamputatie aan hen overlieten, minder last hadden van depressiviteit dan patiënten voor wie de beslissing door de arts werd genomen.

Wat vaak vergeten wordt, is dat een borstamputatie, behalve verminking, ook tot gevolg heeft dat het voor een arts moeilijker is om vast te stellen of de kanker is uitgezaaid. Dr Bernard Fisher, een van de onderzoekers van het project in Pennsylvania, waarbij 2.000 vrouwen gedurende negen jaar werden gevolgd, stelt in een artikel in *The Lancet*[12] dat mastectomie en bestraling de diagnose van eventuele uitzaaiingen verhinderen. Als er bij vrouwen wier borst is geamputeerd andere vormen van kanker ontstaan, is dit vaak een duidelijke aanwijzing dat er wel degelijk sprake is van verspreiding van kankercellen. 'Onze bevindingen rechtvaardigen de toepassing van borstsparende ingrepen nog meer,' concludeert dr. Fisher. Hoewel gebleken is, dat met de resultaten van dit onderzoek is geknoeid, hebben andere, objectieve studies bewijzen opgeleverd die de veronderstelling staven dat een borstbesparende operatie even efficiënt is als een borstamputatie bij de bestrijding van kanker.

Uitzaaiingen

Bepaalde vormen van chirurgie blijken tot uitzaaiing van kanker te kunnen leiden. Zo is gebleken dat tijdens een borstoperatie in enkele gevallen kankercellen zich verspreiden. Chirurgen hebben bij operatie van zestien vrouwen geconstateerd, dat bij zes van hen tijdens de procedure meer kankercellen circuleerden. Zij ontdekten ook een verband tussen celverspreiding en de dichtheid van de tumor. Bij de vrouw met de meest ingekapselde tumor, kwam tijdens de operatie het grootste aantal tumorcellen vrij.[13]

Prostaat

Een radicale operatie, die het leven van mannen met prostaatkanker zou moeten redden, zorgt in werkelijkheid voor uitzaaiing van kanker. Hoewel artsen er over het algemeen van uitgaan dat de grote sterfte van mannen die een prostaatoperatie hebben ondergaan, te maken heeft met het feit dat prostaatkanker, net als andere vormen van kanker, een ziekte is die van invloed is op het hele lichaam, blijkt uit onderzoek dat de operatie zelf verspreiding van de kankercellen naar andere delen van het lichaam kan veroorzaken. Bij controle van 14 opeenvolgende operaties is ontdekt, dat bij 12 patiënten na de ingreep prostaatcellen in het bloed voorkwamen, hoewel dit voor de operatie slechts bij drie patiënten het geval was.

Om verspreiding van tumorcellen te voorkomen, raden wetenschappers chirurgen een speciale techniek, genaamd 'no touch', aan.[14] Deze methode kan worden toegepast bij een operatie, waarbij een opening in de onderbuik wordt gemaakt. Dit is overigens nog de beste manier om de tumor te verwijderen; patiënten bij wie de tumor door middel van verfijnde techniek via de plasbuis wordt verwijderd, hebben een kleinere kans om te overleven. Op grond van vergelijkende onderzoek van de medische gegevens van 13.815 mannen, die tussen 1963 en 1985 werden geopereerd, is vastgesteld dat een operatie via de plasbuis de levensduur van veel mannen met hooguit een jaar verlengde. Een 'open' operatie levert over het algemeen betere resultaten op, hoewel onderzoekers van de *University of Oxford* veronderstellen dat het hoge sterftecijfer bij deze mannen niet alleen met prostaatkanker, maar met hun algehele gezondheid te maken heeft.[15]

Baarmoeder

Bijna veertig procent van de vrouwen wier baarmoeder wordt verwijderd, krijgt na de ingreep, als hun dat niet al van te voren is verteld, van de chirurg te horen dat tevens een of beide eierstokken en de eileiders zijn weggenomen. Veel artsen zijn er namelijk van overtuigd dat, hoewel dit niet door onderzoek wordt bevestigd, een kankertijdbom ontstaat als alleen de eierstokken blijven zitten. Van alle vrouwen met eierstokkanker is echter eerder bij slechts 5% de baarmoeder verwijderd. Anders gezegd, van de vrouwen die deze operatie ondergaan, krijgt slechts 0,2% kanker van de voortplantingsorganen.[16]

Onderzoek bij vrouwen met genetische aanleg voor eierstokkanker heeft aangetoond, dat tien procent van de vrouwen, wier eierstokken voor alle zekerheid werden verwijderd, een of andere vorm van kanker in de onderbuik kreeg.[17] Dit betekent dat kanker van het baarmoeder-slijmvlies in een aantal gevallen verband houdt met genetische aanleg voor eierstokkanker.

Wanneer bij een vrouw vóór de menopauze de eierstokken worden verwijderd, krijgt zij vaak ernstige overgangsklachten.[18] Zelfs als de eierstokken tijdens de operatieve verwijdering van de baarmoeder behouden blijven, gaat hun functie al gauw verloren, waardoor een vrouw al op jonge leeftijd met veranderende hormoonspiegels te maken kan krijgen.[19]

In veel gevallen is er geen medische indicatie voor verwijdering van de eierstokken; sommige ziekenhuizen stellen deze ingreep, volgens het algemeen beleid, verplicht bij verwijdering van de baarmoeder. Veel vrouwen die op het punt staan om deze operatie te ondergaan wordt dit echter niet verteld. Derhalve zou elke vrouw die haar baarmoeder laat verwijderen, zich op de hoogte moeten stellen van het beleid van het ziekenhuis van haar keuze, en zo nodig naar een ander ziekenhuis moeten gaan.

Ten onrechte wordt algemeen aangenomen, dat de eierstokken van een vrouw ophouden te functioneren, zodra zij ouder is dan 45 jaar. Onderzoek toont aan, dat oudere eierstokken een hormoon blijven produceren, dat tijdens de menopauze wordt omgezet in een oestrogeen dat bescherming biedt tegen hartkwalen en botontkalking.[20] Dit hormoon is effectiever dan de synthetische variant, een belangrijke reden waarom eierstokken moeten worden gespaard.

Chemotherapie

Het doel van chemotherapie is uitzaaiing van kanker te voorkomen en tumorcellen te vernietigen, zodat zieke organen kunnen worden gespaard. De patiënt krijgt een kuur van medicijnen, in de vorm van pillen of injecties, die – zo kunnen we gerust stellen – het effect heeft van een nucleaire wapenwedloop, waarbij niet alleen kankercellen onschadelijk worden gemaakt, maar helaas ook gezonde cellen worden vernietigd. Het is echter geen toeval dat voor de bestrijding van kanker, dat als een van de grootste bedreigingen van onze gezondheid wordt beschouwd, 'oorlogswapens' worden gebruikt.

Chemotherapie is vlak na de Tweede Wereldoorlog geïntroduceerd, nadat onderzoek naar mosterdgas – cyclophosphamide – had uitgewezen, dat deze stof een vernietigende uitwerking heeft op levende cellen, in het bijzonder cellen die zich snel splitsen, zoals in de darmen, het beenmerg en de lymfeklieren. Naar aanleiding van dit onderzoek, kwamen artsen op het idee om mosterdgas te gebruiken voor de vergiftiging van kankercellen, die zich sneller splitsen dan elke andere soort cellen in het lichaam. In feite zijn veel van de medicijnen die wij tegenwoordig gebruiken naaste familie van mosterdgas – en dat is een van de redenen dat zij zo giftig blijken te zijn.[21]

Patiënten die een chemokuur volgen, hebben doorgaans last van misselijkheid, braken en haaruitval. Dit is echter nog maar het begin. Een aantal medicijnen dat bij chemotherapie wordt gebruikt, heeft een waslijst van bijwerkingen. Zo kan *Cisplatin* (Platinol), dat is afgeleid van het zware metaal platina, het zenuwstelsel en de nieren beschadigen. In veel gevallen veroorzaakt dit middel doofheid, verlammingen, blijvende beschadiging van de motoriek, vernietiging van beenmerg, bloed-armoede en blindheid. Het aan mosterdgas analoge *Mechloretamine*, dat wordt gebruikt voor de behandeling van de ziekte van Hodgkin - lym-feklierkanker - is zo giftig dat verpleegkundigen die het medicijn toe-dienen, rubberen handschoenen dienen te dragen en inademing moet worden vermeden. Van dit medicijn is bekend, dat het trombose, geel-zucht, haaruitval, misselijkheid en braken veroorzaakt. In de bijsluiter waarschuwt fabrikant Merck dat 'de veiligheidsnorm van *Mustargen* laag is en dat er veel zorg aan de dosering moet worden besteed. Ter controle dient het bloed van de patiënt herhaaldelijk te worden onderzocht.'

Een van de meest gevreesde complicaties die bij chemotherapie kun-nen optreden is ontsteking van slijmweefsel, met name in de darmen en de mond. Dit kan een levensbedreigende infectie tot gevolg heb-ben.[22] Afhankelijk van de soort chemokuur, kan de toegepaste medi-catie tevens leiden tot hartaandoeningen, onherstelbare beschadiging van galbuizen, afsterving van botbekleding, groeiachterstand bij kinde-ren, onvruchtbaarheid, vermindering van het aantal witte en rode bloedlichaampjes en problemen met de spijsvertering en absorptie van lactose.[23]

Begin jaren zeventig hebben artsen ontdekt, dat chemotherapie effectief is bij bepaalde zeldzame vormen van kanker. Met name patiën-ten met de ziekte van Hodgkin of non-Hodgkin lymfoom, twee vor-men van lymfeklierkanker, die voordien binnen afzienbare tijd zouden zijn overleden, bleven dankzij een combinatie van medicijnen langer in leven. Ook bij teelbalkanker en bepaalde vormen van kanker bij kin-deren, zoals acute leukemie van de lymfeklieren en chorizocarcinoom, waarbij cellen van de foetus veranderen in voor de moeder levensbe-dreigende kanker, bleek een chemokuur levens te kunnen redden.

Ruim een kwart eeuw en vele miljarden guldens later lijkt er echter nauwelijks sprake van vooruitgang. Volgens Ralph Moss, een van de bekendste critici van chemotherapie, zijn de successen die worden geboekt even bescheiden als de resultaten die in 1971 werden behaald.[24] Voor de meest voorkomende vormen van kanker, waaraan jaarlijks 90% van alle patiënten sterft, geldt dat het effect van chemotherapie nooit is bewezen. En dat deze behandeling mogelijk meer kwaad dan goed doet.

Aangenomen wordt dat bepaalde groepen patiënten, met name degenen met borst-, darm- en longkanker, die na een operatie voor alle zekerheid een chemokuur krijgen om eventueel onopgemerkte haarden van kankercellen uit te roeien, dankzij deze medicatie meer kans hebben om te overleven. En dat het risico van herhaling door deze behandeling ongeveer 30% kleiner is.[25] Deze veronderstellingen zijn gebaseerd op empirische gegevens, hetgeen betekent dat ze niet berusten op wetenschappelijke studies, maar op observatie. Derhalve is het mogelijk dat het herstel van de patiënt uitsluitend te danken is aan de operatie, en dat de overlevingskans niet door chemotherapie wordt bevorderd.

Een van de neveneffecten van chemotherapie, waarover weinig wordt gesproken, is een verhoogd risico van leukemie. Dit geldt met name voor vrouwen met borstkanker die een chemokuur krijgen en tegelijkertijd worden bestraald. De consequentie hiervan is dat niet alleen kankercellen, maar ook normale cellen, inclusief die van het beenmerg – de basis van het immuunsysteem - worden gedood. Naar aanleiding van onderzoek bij 82.700 vrouwen met borstkanker, heeft het Amerikaanse *National Cancer Institute* in Bethesda, Maryland, geconcludeerd dat de kans op leukemie 2,5 keer groter is na een radiotherapeutische behandeling. Als hierbij uitsluitend alcoholen werden gebruikt, vertienvoudigde het risico. Een combinatie van bestraling en medicatie verhoogde het risico 17 keer, terwijl toediening van *Melphalan*, als onderdeel van een chemokuur, 31 keer meer risico opleverde, 10 keer zoveel als bij gebruik van *Cyclophosphamide,* een ander kankerbestrijdend middel. Werd van dit laatste medicijn echter minder dan 20.000 milligram gebruikt, dan was er nauwelijks sprake van verhoging van het risico van leukemie. De conclusie van dit onderzoek luidde: 'Systematische toediening van medicijnen, in combinatie met radiotherapie met een groot stralingseffect op het beenmerg, blijkt het risico van leukemie te verhogen.'

Publicatie van het onderzoek in het *New England Journal of Medicine*, was voor de hoofdredacteur van het vakblad aanleiding voor een redactioneel commentaar, waarin hij stelt dat artsen selectiever dienen te zijn in hun keuze van secundaire behandelmethoden voor patiënten bij wie een kankergezwel in de borst operatief is verwijderd.[26]

Het risico van leukemie is ook bevestigd door onderzoek van het *Department for Oncology of the Rigshospitalet* in Kopenhagen. Van 212 kankerpatiënten, die werden behandeld met *etoposide, cisplatin* en *bleomycin*, kregen er vijf leukemie, hetgeen betekent dat het cumulatieve risico 5 tot 7 jaar na de behandeling 5% bedraagt. De onderzoekers gaan ervan uit dat deze stijging met name te wijten is aan *etoposide*, mogelijk in combinatie met de twee andere medicijnen. Ook de hoeveelheid zou een rol spelen, aangezien alle vijf patiënten een cumulatieve dosis van meer dan 2000 mg/m2 *etoposide* hadden gekregen, terwijl bij patiënten die een kleinere dosis van dit medicijn hadden gebruikt geen leukemie werd geconstateerd.

Bij kinderen, zowel jongens als meisjes, kan chemotherapie op latere leeftijd tot onvruchtbaarheid leiden of de oorzaak zijn van geboorteafwijkingen bij hun nakomelingen. Een aantal medicijnen, zoals *procarbazine, chlorambucil* en *cyclophosphamide*, is giftig gebleken voor de testikels van mannen; na cumulatieve toediening van achttien gram alcoholen, zoals *cyclophosphamide*, zal het merendeel van de patiënten onvruchtbaar blijven – hoewel sommige mannen na achttien maanden weer zaad beginnen te produceren. Bij vrijwel alle vrouwen die chemotherapie volgen, leidt de medicatie tot beschadiging van de eierstokken, waardoor er geen eisprong meer is en de menopauze vervroegd intreedt.[27] Dit is reden voor bezorgdheid, omdat 5% van alle vrouwelijke kankerpatiënten jonger is dan 34 jaar.

Als de functie van de eierstokken behouden blijft, en zwangerschap dus mogelijk is, is het krijgen van kinderen niettemin een riskante aangelegenheid. Onderzoek bij 306 vrouwelijke patiënten in New York, waarvan er 202 zwanger werden, heeft uitgewezen, dat 8% van de dochters en 7,9% van de zonen geboorteafwijkingen hadden. Statistisch gezien werd dit niet als significant beschouwd, maar uit ditzelfde onderzoek bleek dat 10% van de kinderen van vrouwen, die met *dactynomycine* waren behandeld, een aangeboren hartafwijking had. Normaal gezien is dit percentage slechts 0,6%, oftewel bijna 17 keer kleiner.[28]

Gezien alle risico's van chemotherapie, is het de vraag of het echt werkt. Volgens de Duitse dr. Ulrich Abel, auteur van een boek getiteld *Cytostatic Therapy of Advanced Epithelial Tumours - A Critique*[29], is dit niet het geval. Als epidemioloog werkzaam bij een kankerinstituut in Heidelberg-Mannheim, bestudeerde hij werkelijk alle publicaties over chemotherapie, in totaal duizenden artikelen, en schreef brieven naar kankerspecialisten over de hele wereld. Van ongeveer 350 kankercentra ontving hij informatie over nieuwe, nog niet gepubliceerde onderzoeken. Op grond van zijn vergelijkende studie concludeert dr. Abel dat het resultaat van chemotherapie over het algemeen 'huiveringwekkend' is. Er zouden geen bewijzen zijn die de veronderstelling staven dat chemotherapie 'het leven van patiënten, die aan de meest voorkomende vormen van kanker lijden, op een min of meer aanvaardbare wijze kan verlengen'.

Evenmin zou kunnen worden aangetoond dat de kwaliteit van het leven van patiënten door chemotherapie verbetert. Volgens dr. John Cairnes van de *School of Public Health* van Harvard University is niet meer dan 5% van de patiënten gebaat bij chemotherapie. Mensen met een dermate vergevorderd stadium van kanker, dat een operatie geen zin meer heeft, krijgen weliswaar chemotherapie, maar volgens Cairnes is dit 'wetenschappelijk braakliggend terrein' en weten artsen niet wat het effect van deze behandeling is. Dit geldt, zo zegt hij, voor maar liefst 80% van de behandelingen.[30] Een van de weinige overzichtstudies, waarbij chemotherapie met andere behandelmethoden wordt vergeleken, laat zien dat het gebruik van uitsluitend *tamoxifen* door vrouwen met borstkanker, die ouder zijn dan 50 jaar, betere resultaten oplevert dan een chemokuur.[31]

Ook voor de behandeling van bepaalde vormen van longkanker en kanker van de dikke, dunne en endeldarm, de blaas, pancreas, lever en huid is het positieve effect van chemotherapie niet bewezen. Daarentegen lijkt deze therapie wél effectief bij vrouwen met eierstokkanker, van wie een aantal na behandeling nog vele jaren leeft. Ook mensen met Hodgkin- en non-Hogdkin-lymfoom – vormen van kanker in het stelsel van de lymfevaten en lymfeklieren - of kanker van kleine cellen in de longen, kunnen baat hebben bij chemotherapie.[32] In de meeste gevallen is het resultaat echter bescheiden, en kan het leven van de patiënt slechts een paar maanden worden verlengd.[33]

Volgens wetenschappelijke normen, is het merendeel van de medicijnen die deel uitmaken van chemotherapie onvoldoende getest. De eerste modellen voor het testen van kankerbestrijdende middelen waren, zo beweert onderzoekswetenschapper dr. Gerald Dermer, getransplanteerde kwaadaardige lymfeklierknobbeltjes bij muizen – kanker die zich bij de ene muis ontwikkelt, wordt naar een andere, gezonde muis overgebracht. Voor onderzoek naar kanker wordt tevens kunstmatig in laboratoria ontwikkeld kankercellen gebruikt. Dr. Dermer is echter tot de ontdekking gekomen, dat deze kankercellen, evenals die in getransplanteerde tumoren, grondig verschillen van tumorcellen in levende mensen. En dat medicijnen die in laboratoria kankercellen blijken te kunnen vernietigen, zelden een gunstig effect bij mensen hebben gehad.[34]

Een ander probleem is, dat kankerspecialisten 'genezing' en 'respons' anders definiëren dan jij en ik dat zouden doen. Over het algemeen meten oncologen het succes van een behandeling voornamelijk af aan de respons – oftewel naar de mate waarin kankercellen afsterven en een tumor kleiner wordt, zonder veel aandacht te besteden aan de vraag of dit leidt tot verlenging van de levensduur en verbetering van de kwaliteit van het leven.

Zodra een tumor gedeeltelijk of tijdelijk verdwijnt, zo heeft dr. Abel heeft ontdekt, kunnen resterende kankercellen in sommige gevallen veel sneller groeien. Vaak leven patiënten die niet op chemotherapie reageren, langer dan degenen die dat wel doen.[35] Om dit te illustreren, haalt onderzoeksjournalist Ralph Moss een medicijnengids aan, waarin een belangrijke wetenschapper van het *National Cancer Institute* schrijft, dat voor de meeste kankersoorten geldt, dat patiënten aanvankelijk goed op de chemotherapie reageren. Maar bij slechts drie soorten kanker – acute leukemie, eierstokkanker en bepaalde typen longkanker – overleeft een min of meer aanvaardbaar percentage zonder aandoeningen. 'Aanvaardbaar' betekent zes procent van het totale aantal patiënten. Bij alle andere vormen van kanker is volledig herstel zeldzaam.

Er moet niet teveel waarde worden gehecht aan het inkrimpen van ingekapselde tumoren, stelt kankerspecialist G.M. Mead van het *Royal South Hants Hospital*, aangezien 'dit in de meeste gevallen weinig of geen invloed heeft op de overlevingskansen van patiënten.'[36] Bristol Myers, een van de grootste Britse fabrikanten van chemotherapeutische middelen, heeft onthuld, dat slechts 11% van de patiënten die *carboplatine* en 15% van de patiënten die *cisplatine* innemen in alle opzichten goed op de medicatie reageert; de remissie hield in de meeste gevallen niet langer dan een jaar aan, en alle patiënten overleefden gemiddeld niet meer dan twee jaar. Dit kan nauwelijks een succes worden genoemd, aangezien het hier gaat om twee van de meest algemeen gebruikte medicijnen voor eierstokkanker – en deze vorm van kanker wordt beschouwd als een van de weinige kankersoorten die goed reageren op chemotherapie.[37]

Bij het merendeel van de studies wordt de vraag of een patiënt zonder chemotherapie eerder aan kanker komt te overlijden dan met een chemokuur – feitelijk de belangrijkste vraag - niet eens gesteld.[38] In een vluchtige poging om te laten zien, dat de organisatie begaan is met het lot van kankerpatiënten, heeft de Amerikaanse *Food and Drug Administration* officieel gesanctioneerd, dat nieuwe medicijnen voor kanker snel op de markt worden gebracht, onder voorwaarde dat wetenschappelijk is aangetoond, dat ze verkleining van tumoren bewerkstelligen. Een garantie dat de medicatie bijdraagt tot verlenging van de levensduur van kankerpatiënten is echter niet vereist.[39]

De meest recente behandelingen worden als 'levensreddend' aangeduid, alsof de patiënt van een gewisse dood wordt gered. Volgens een procedure verzamelen artsen beenmerg van de patiënt, alvorens in het kader van chemotherapie hoge doses agressieve medicatie toe te dienen. Vervolgens wordt het beenmerg teruggeplaatst, in de hoop dat dit de patiënt op de een of andere manier zal beschermen tegen moordend lage aantallen bloedcellen.

'Veel oncologen bevelen chemotherapie aan voor vrijwel elke tumor, en blijven hopen op een goed resultaat, ondanks het feit dat de behandelingen vrijwel altijd mislukken,' zegt de oncoloog dr. Albert Braverman.[40] Na het succes met een cocktail van kankerdodende medicijnen en steroïden bij de behandeling van de ziekte van Hodgkin - lymfklierkanker - hebben artsen deze formule toegepast bij alle andere kankersoorten, zonder dat er experimenteel, noch wetenschappelijk bewijs voor was, dat dit tot positieve resultaten zou leiden. Zo wordt bij non-Hodgkin-lymfoom – een vorm van lymfeklierkanker – gebruik gemaakt van *ProMACECYTA-BOM,* een cocktail van 10 krachtige, chemotherapeutische middelen, waarvan niet is bewezen, dat ook maar een van deze chemische preparaten een significante verlenging van de levensduur van de patiënt kan bewerkstelligen. In de oncologie wordt 'meer' altijd als 'beter' beschouwd.

Inmiddels is bekend, dat kinderen die met succes voor de ziekte van Hodgkin zijn behandeld, maar liefst achttien keer meer risico lopen dat er zich bij hen nieuwe kwaadaardige tumoren ontwikkelen. Vier jaar na de behandeling bestaat er een opmerkelijke stijging van het risico van leukemie, met een stagnatie na veertien jaar. Het gevaar van het ontstaan van ingekapselde tumoren is constant groot, met een risico van 30% op dertigjarige leeftijd. Voor meisjes is de kans om op veertigjarige leeftijd borstkanker te krijgen 35%, hetgeen betekent dat het gevaar van kanker voor hen 75 keer groter is dan gemiddeld. Deze statistische gegevens zijn verzameld door de *Late Effects Study Group* van de *University of Minnesota*, die bij 1380 kinderen, die in de periode van 1955 tot 1986 chemotherapeutisch werden behandeld voor de ziekte van Hodgkin, de effecten van deze behandeling op lange termijn hadden bestudeerd.

De bevindingen zijn een zware slag voor de medische stand, die zichzelf feliciteerde met de behandeling van de ziekte van Hodgkin, die als voorbeeld van een succesvolle therapie werd beschouwd. In wel 90% van de gevallen van lymfklierkanker was de combinatie van chemotherapie en een lage dosis straling succesvol gebleken. Vanwege het grote gevaar van nieuwe kwaadaardige tumoren, dienen echter alle patiënten die met succes voor de ziekte van Hodgkin zijn behandeld, regelmatig uitgebreid controleonderzoek te ondergaan, in het bijzonder wanneer zij tussen de twintig en vijftig jaar oud zijn.

De leeftijd waarop de diagnose ziekte van Hodgkin wordt gesteld, lijkt bepalend voor de overlevingskansen. Van de patiënten, bij wie de ziekte op de leeftijd van 10 tot 16 jaar is vastgesteld, lijdt 74% in de jaren na de behandeling aan een nieuwe vorm van kanker. 16 van de 17 vrouwelijke patiënten die borstkanker krijgen, waren tussen de 10 en 16 jaar toen zij te horen kregen dat zij de ziekte van Hodgkin hadden. Behalve de leeftijd waarop de diagnose is gesteld, is ook de mate van bestraling van beslissende invloed op het ontstaan van nieuwe kwaadaardige tumoren na chemotherapie.[41]

Radiotherapie

Patiënten met diep inwendige tumoren, op plaatsen waar een chirurg met zijn instrumenten nauwelijks bij kan zonder vitale functies te beschadigen, wordt in plaats van een operatie soms radiotherapie geadviseerd. Deze behandelmethode, waarbij röntgenstralen worden gebruikt, dient echter vaker ter ondersteuning van andere behandelingen van kanker. In vergelijking tot chemotherapie, wordt radiotherapie minder frequent toegepast, om de simpele reden, dat slechts een beperkt aantal ziekenhuizen over de kostbare stralingsapparatuur beschikt. Bij de behandeling wordt niet alleen extern apparatuur gebruikt, maar soms ook in het lichaam, door het inbrengen van een radioactieve isotoop. In de Verenigde Staten krijgt jaarlijks een half miljoen mensen een radiotherapeutische behandeling; dit betekent dat radiotherapie wat betreft het aantal behandelde patiënten de meest toegepaste methode is voor de behandeling van kanker.

Bestraling is ongeveer een eeuw geleden als geneeskundige behandeling geïntroduceerd door Pierre en Marie Curie, het Franse echtpaar dat wereldberoemd is geworden door de ontdekking van de elementen radium en polonium, en hun onderzoek naar radioactiviteit. De zogenaamde ioniserende straling die bij de behandeling van kanker werd gebruikt, bleek de zich snel delende cellen, zoals tumorcellen, aan te tasten. Omstreeks 1920 betekende dit een doorbraak in de geneeskunde, omdat artsen niet langer uitsluitend afhankelijk waren van natuurlijke stralingsbronnen. Bovendien waren zij voortaan in staat om de straling nauwkeurig te doseren en onder controle te houden. Begin jaren vijftig werd high-energy straling – Cobalt 60 – geïntroduceerd, om vormen van kanker te kunnen behandelen die zich diep in het lichaam bevinden, zonder dat de huid verbrandt. Tien jaar later verscheen een nieuwe uitvinding, de lineaire accelerator genaamd, die nog hogere energie kan produceren.

Stralingsbundels variëren sterk wat betreft productie van energie, van ongeveer 100 *kilo-electron volts* (KeV) tot 25 *million electron volts* (MeV). Naarmate de energie van de stralingsbundel hoger is, zo kunnen we ruwweg stellen, is de penetratie in het lichaam dieper. Bundels met een lagere energiewaarde geven de hoogste dosis straling af aan de huid, terwijl een bundel van 25 MeV straling op een diepte van ongeveer 5 centimeter in het lichaam afgeeft. De nieuwste meetwaarde is de Gray (Gy); een Gy is gelijk aan 100 rads.

In de strijd tegen kanker houdt de strategie van veel artsen in dat radiotherapie, chemotherapie en een operatie met elkaar worden gecombineerd. Het is echter niet bewezen dat dit substantiële winst oplevert voor de genezing van patiënten.[42] Wat betreft de effectiviteit van radiotherapie, brengt wetenschappelijk onderzoek steeds meer resultaten voort die bewijzen dat röntgenstraling niet het wondermiddel tegen kanker is, waarvoor het aanvankelijk werd gehouden. Zo leidt stralingstherapie niet alleen tot verspreiding van kankercellen in het lichaam, in plaats van ze te verwijderen, maar is in sommige gevallen ook de oorzaak van het ontstaan van kanker in gezonde cellen.

Bij patiënten met borstkanker kan na bestraling kanker van het zachte weefsel in de borst ontstaan.[43] Bovendien brengt bestraling van borstkanker een relatief groot risico van longkanker met zich mee. Uit onderzoek bij 31 patiënten die een radiotherapeutische behandeling hebben ondergaan, blijkt dat zeventien jaar later bij 19 van hen de diagnose van longkanker is gesteld. In de meeste gevallen bevonden de longtumoren zich aan de kant van de borst die was bestraald.[44] Sommige oncologen menen, dat de longen weinig weerstand hebben tegen stralingseffecten, waardoor gemakkelijk brandwonden en littekenweefsel kunnen ontstaan – wat een reden zou kunnen zijn om bezwaar te maken tegen hoge doses röntgenstralen bij de behandeling van longkanker.[45]

Voor mensen met de ziekte van Hodgkin neemt door radiotherapie het gevaar van borstkanker toe.[46] Bestraling van endeldarmkanker leidt ertoe, dat de dikke darm bijzonder ontvankelijk kan worden voor kanker, zo blijkt uit dierproeven. Van dit risico is met name sprake bij bestraling na een operatie, waarbij de bloedvaten zijn samengebonden.[47]

Wanneer radiotherapie in combinatie met chemotherapie wordt toegepast, kunnen de bijwerkingen zich vermenigvuldigen. Wat dit op de lange termijn betekent, is een vraag die vooralsnog onbeantwoord blijft.

Bij zeer moeilijk te behandelen vormen van kanker experimenteren artsen vaak met maximale doses straling. In veel gevallen nemen de levenskansen van de patiënten hierdoor niet toe, maar worden daarentegen kleiner. Onderzoek naar stralingseffecten op langere termijn heeft uitgewezen, dat de overlevingskansen van vrouwen met baarmoederhalskanker na 55 behandeldagen kleiner werden bij elke extra behandeling, ongeacht of de ziekte zich in een vroeg of in een gevorderd stadium bevond.[48] Voor de behandeling van baarmoederhalskanker wordt doorgaans stralingsapparatuur in de vagina ingebracht. Bij veel vrouwen die op deze manier zijn behandeld, vertoonden uitstrijkjes nadien abnormaliteiten, zoals vezelachtige textuur, beschadigde cellen en littekenweefsel.[49]

Het meest verontrustend is wel, dat straling als het ware een traag werkende tijdbom zou kunnen zijn, waarvan de consequenties pas jaren later voor iedereen duidelijk worden. Zo treden bij patiënten met baarmoederhalskanker, die hiervoor worden behandeld, niet alleen in de eerste 3 jaar na de ingreep relatief veel ernstige complicaties van de urinewegen op, maar kunnen deze problemen zich gedurende 25 jaar op elk gegeven moment manifesteren.[50] Bij kinderen kan straling, zelfs bij lage doses van 18 Gy, de groei bevorderen en tot premature seksuele ontwikkeling leiden.[51]

Zowel bij gebruikmaking van apparatuur als van radioactieve implantaten, gaat radiotherapie vaak gepaard met een myriade van – in veel gevallen ernstige – bijwerkingen. Vermoeidheid komt het meeste voor, met name bij patiënten bij wie een groot gedeelte van het lichaam wordt bestraald. Doorgaans wordt de huid rood, soms zo erg, dat het lijkt op verbranding door de zon, en er is vaak sprake van haaruitval. Bestraling van het hoofd en de nek kan tot beschadiging van de speeksel- en traanklieren leiden, en de patiënt houdt er een droge mond en droge ogen aan over. Als de onderbuik wordt bestraald, veroorzaakt dit vaak misselijkheid, braken en diarree.[52] Een ander bekend gevolg van radiotherapie is beschadiging van beenmerg, hetgeen tot verzwakking van het immuunsysteem leidt. Ook kunnen botten beschadigd raken, en wordt na bestraling soms de diagnose van osteoporose, oftewel botontkalking, gesteld. Ten slotte verschijnen op de meeste weefsels die aan straling worden blootgesteld littekens.

Elk deel van het lichaam kan slechts een bepaalde hoeveelheid straling verdragen. Als eenmaal een dosis is toegediend, zou hetzelfde gebied niet nog eens mogen worden bestraald. Bij elke vorm van kanker heeft bestraling in veel gevallen huiveringwekkende schade veroorzaakt, hetgeen door enkele studies wordt bevestigd. Zo blijkt uit onderzoek, dat bij een derde van de patiënten met endeldarmkanker, die na darmoperatie zowel chemotherapie als radiotherapie kregen, na afloop van deze gecombineerde behandeling ernstige complicaties optraden.[53] We kunnen teven vaststellen, dat radiotherapie na een operatie meer schadelijke gevolgen heeft, dan bij een behandeling die aan de operatie voorafgaat.[54] Bij borstkanker vreest men met name voor *fibrositis*, oftewel beschadiging van de huid, waarbij zich opvallende littekens vormen. Cosmetische chirurgie, waarbij het littekenweefsel wordt verwijderd, leidt in de meeste gevallen niet tot een bevredigend resultaat.[55] Borstreconstructie, met behulp van implantaten, kan door de radiotherapeutische behandeling van de patiënt worden bemoeilijkt. Bij ongeveer 42% van de vrouwen die door de behandeling van borstkanker in aanmerking kwamen voor een borstimplantatie, passen de implantaten niet goed, met het gevolg dat zij er niet alleen een misvormde borst, maar soms ook blijvende pijn aan overhouden. Bij vrouwen die geen radiotherapie hadden ondergaan, was hiervan niet bij 42, maar slechts bij 12,5% sprake.[56]

Veel patiënten met baarmoederhalskanker bemerken, dat zij na een radiotherapeutische behandeling die volgt op operatieve verwijdering van de baarmoeder, incontinent zijn geworden.[57] Pijn en andere problemen bij het urineren veroorzaken veel leed bij mannen die bekkenbestraling hebben ondergaan.[58] In geval van baarmoederhalskanker en teelbalkanker kan bestraling, evenals chemotherapie, onvruchtbaarheid veroorzaken.[59] Als bij de behandeling van de teelbal met kanker de dosis straling voor de andere, nog gezonde teelbal wordt teruggebracht tot minder dan 2 Gy, kunnen sommige mannen echter vruchtbaar blijven.[60] Indien een vergelijkbare dosis straling wordt gebruikt bij vrouwen met kanker in het bekken, blijft het aantal vrouwen, die als gevolg van de behandeling onvruchtbaar worden of vroegtijdig in de overgang komen, beperkt.[61] Desalniettemin kan de helft van de vrouwen met baarmoederhalskanker na een radiotherapeutische behandeling seksueel niet meer goed functioneren.[62]

Bestraling kan tevens het hart verzwakken, evenals de bloedvaten rond het hart, hetgeen tot vernauwing van de slagaders leidt.[63] Bij 45% van de patiënten die voor keelkanker worden behandeld, heeft radiotherapie schildklieraandoeningen tot gevolg.[64] Voor mensen met hoofd- en nekkanker houdt bestraling het gevaar van hersenbeschadiging in.[65] Radiotherapeutische behandeling van kinderen met deze vormen van kanker heeft in enkele gevallen geleid tot vermindering van het verstandelijk vermogen[66] en gehoorbeschadiging.[67]

Een ander onderschat probleem vormen breuken in botten, die aan straling zijn blootgesteld. Van de patiënten met een soft tissue sarcoom, heeft 6% botbreuken aan bestraling overgehouden.[68] Patiënten, van wie het bekken wordt bestraald, kunnen zo veel schade aan botten oplopen, dat hun heup geheel moet worden vervangen. In de meeste gevallen is dit echter geen bevredigende oplossing. Van 56 patiënten bij wie reconstructie was uitgevoerd, bleek bij meer dan de helft, 52% om precies te zijn, de heup los te zitten, waarschijnlijk als gevolg van botverweking. Hoewel chirurgen ter versteviging speciale ringen kunnen aanbrengen, heeft dit in 20% van de gevallen geen succes. Voor alle patiënten bestaat bovendien het risico van een infectie.[69]

Darmkankerpatiënten kunnen, op lange termijn, als gevolg van radiotherapie incontinent worden en darmproblemen krijgen, met name als zij ook een chemokuur hebben gevolgd.[70] Zowel vrouwen met baarmoederhalskanker als borstkankerpatiënten klagen na bestraling dikwijls over kwellende pijn, met name in de armen, en spijsverteringsproblemen. Ondanks slechte ervaringen van patiënten en de verontrustende resultaten van jarenlang onderzoek, krijgt 50% van alle kankerpatiënten vroeger of later een radiotherapeutische behandeling. De technologische ontwikkeling staat niet stil, maar, zoals in een medisch artikel wordt verwoord, '...toch hebben we nauwelijks vooruitgang geboekt, als je kijkt naar de giftige effecten van de behandeling. Onderzoek is steeds gericht geweest op nieuwe geneeswijzen, en nu pas roept de kwaliteit van het leven van mensen die een radiotherapeutische behandeling hebben ondergaan vragen op.'[71]

Lichttherapie

Fotodynamische therapie is een techniek, waarbij licht wordt gebruikt om tumoren te vernietigen. De patiënt krijgt een injectie met een contrastvloeistof, die zich aan kankercellen hecht en ze gevoelig maakt voor licht. Hierdoor kan de plaats van de tumor met grote nauwkeurigheid worden vastgesteld. Door toepassing van licht met een hoge intensiteit kunnen kankercellen vernietigd worden, zonder beschadiging van gezond weefsel. Voor diep inwendige tumoren is een kijkoperatie vereist, om het licht daar te brengen, waar het nodig is. Omdat voor deze behandeling laserapparatuur wordt gebruikt, is het evenwel een kostbare ingreep.

Immuuntherapie

Versterking van het immuunsysteem is het doel van een van de nieuwste behandelingen van kanker. De medische wetenschap gaat ervan uit dat het immuunsysteem een ingebouwd mechanisme heeft voor het bestrijden van kanker, op dezelfde manier waarop het infecties te lijf gaat. In tegenstelling tot virussen, hebben tumorcellen echter dezelfde antigenen – proteïnen – als normale cellen. Daardoor kan het immuunsysteem tumoren niet als afwijkend herkennen en ze niet vernietigen.

Nieuwe behandelmethoden richten zich vooral op Interleukin 2, of IL-2, een groeifactor, waarvoor bij een patiënt lymfocyten worden afgenomen, om deze te transformeren in cellen die kankercellen kunnen vernietigen. Bij proefpersonen met nier- en huidkanker is deze methode echter weinig succesvol gebleken.[72] Een onderzoek, waarbij aan patiënten met darmkanker een 'vaccin' tegen tumorcellen werd gegeven, leek gunstige resultaten op te leveren, totdat deze werden geëvalueerd door het *Committee on Government Operations of the US House of Representatives* en als onbetrouwbaar werd beoordeeld.[73]

Voor de ontwikkeling van nieuwe vaccins voor immuuntherapie, gaan wetenschappers momenteel na wat het effect is van *heat shock protein* (HSP), ofwel proteïne die ontstaat door warmte. Pramod Srivastava, professor in de immunologie aan de *Fordham University* in New York, heeft bestudeerd hoe HSP het immuunsysteem helpt versterken. Onder normale omstandigheden produceert vrijwel elke cel in het lichaam een bepaalde hoeveelheid van deze proteïnen. Zodra cellen onder spanning komen, zoals bij een plotselinge temperatuursverhoging, neemt het aantal proteïnen toe en helpt het lichaam tegen schadelijke invloeden te beschermen.[74]

Het jarenlange onderzoek naar immuuntherapie moet nog vruchten af gaan werpen. Tot nu toe maken de methoden die worden gebruikt, net als bij chemotherapie, patiënten erg ziek. Daarom wordt overwogen om deze therapie te reserveren voor een selecte groep van relatief gezonde patiënten, totdat methoden met minder ernstige bijwerkingen zijn ontwikkeld.

Andere medicatie

Tamoxifen

De medische wetenschap experimenteert ook met andere vormen van medicatie, in een aantal gevallen met succes. Hoewel er geen medicijn bestaat dat kanker echt geneest, blijkt dat een aantal hormoonantagonisten bescherming biedt tegen uitzaaiing van kanker, die afhankelijk is van hormonen. Een van deze medicijnen is *Tamoxifen.*

Behalve als medicijn voor vrouwen met borstkanker, is *Tamoxifen* ook voorgeschreven aan gezonde vrouwen om het ontstaan van borstkanker te voorkomen. Deze praktijk is echter een halt toegeroepen nadat onderzoek in Schotland uitwees dat bij vrouwen, die het middel gedurende 14 jaar hadden ingenomen, aderverstopping was opgetreden. Het lijkt tegenstrijdig, maar *Tamoxifen* vermindert ook de kans op een hartaanval. Onderzoekers van de *University of Edinburgh* waarschuwen echter, dat gezonde vrouwen die het medicijn gebruiken zorgvuldig in de gaten moeten worden gehouden.

Onderzoek in de Verenigde Staten, Engeland en Schotland, waarbij de vraag of *Tamoxifen* gezonde vrouwen tegen kanker kan beschermen het uitgangspunt vormde, liep vertraging op door een golf van negatieve publiciteit. Bij gevolg waren slechts weinig vrouwen bereid om zich als vrijwilliger aan te melden. In 1994 onthulde Zweeds onderzoek, dat het middel bij langdurig gebruik baarmoederkanker kan veroorzaken. Tevens is een verband met maag- en darmkanker gelegd.

De bevindingen van het Amerikaanse *National Cancer Institute* (NCI) kwamen overeen met de resultaten van een ander Schotse studie. Zo ontdekten de Amerikaanse onderzoekers dat 92% van de vrouwen, die gedurende 5 jaar dagelijks 20 milligram *Tamoxifen* innamen, geen kanker kregen, terwijl dit percentage bij de vrouwen die het middel gedurende 10 jaar gebruikten aanzienlijk lager was, te weten 86%. Op vergelijkbare wijze, kwamen de Schotse onderzoekers tot de conclusie dat gebruik van het medicijn gedurende 5 jaar in 70% van de gevallen een succes was, in vergelijking tot 62% bij langere inname. Dit stemde de medewerkers van het NCI tevreden: 'De onderzoeksgegevens, in combinatie met de resultaten van het Schotse onderzoek, leveren geen bewijs van enig voordeel van het gebruik van *Tamoxifen* gedurende langer dan vijf jaar.'[75]

Aspirine

Voor preventie en behandeling van kanker, hebben artsen tevens met een aantal andere medicijnen geëxperimenteerd. Aspirine, een middel dat tegenwoordig voor de meest uiteenlopende aandoeningen, van hoofdpijn tot een beroerte, uit de kast wordt gehaald, staat sinds enkele jaren ook bekend als preventief middel tegen kanker.

Volgens de meest recente voorschriften, dienen mensen met een hoog risico van kanker van de endeldarm of dikke darm, met onmiddellijke ingang vier tot zes aspirines per week in te nemen. Een lage dosis aspirine – telkens 325 milligram – zou op lange termijn het gevaar van darmkanker voor de helft kunnen terugdringen. Helaas is deze winst is pas na tien tot twintig jaar consistent gebruik van aspirine aantoonbaar.

Een verhoogd risico van een maagbloeding, dat het slikken van aspirine met zich meebrengt, is volgens de meeste artsen geen reden om van het medicijn af te zien; de nadelen zouden niet tegen de voordelen opwegen. Met name mensen die relatief meer kans hebben op ontsteking van de ingewanden, borstkanker, eierstokkanker, schildklierkanker en kanker van het baarmoederslijmvlies en de dikke darm, zouden volgens hen baat kunnen hebben bij aspirine. Evenals mensen bij wie kanker in de familie voorkomt, en dan met name endeldarmkanker.

Het advies van artsen is gebaseerd op uitkomsten van de uitgebreide *Nurses' Health Study*, waarbij de gezondheidstoestand van 121.701 verpleegsters in de Verenigde Staten sinds 1976, oftewel al bijna vijfentwintig jaar wordt gevolgd. De deelneemsters aan het onderzoek zijn verpleegsters met een bekend of verdacht risico van borstkanker of hartklachten. Onderzoekers hebben ontdekt, dat vrouwen, die gedurende 8 jaar – van 1984 tot 1992 - trouw 4 tot 6 aspirines per week innamen, 50 % minder kans op kanker hadden, en dat het risico verder afnam, naarmate de dosering werd verhoogd. Echter, bij vrouwen die meer 14 aspirines per week innamen, hebben zich bloedingen voorgedaan. En bij degenen die wekelijks twee aspirines slikten, is vermindering van het risico van kanker pas na 20 jaar aantoonbaar.

Hoewel dit onderzoek uitsluitend op vrouwen is gericht, menen de onderzoekers, dat de behaalde resultaten ook voor mannen gelden. Verondersteld wordt, dat aspirine indirect de groei van een tumor blokkeert. De onderzoekers houden er echter rekening mee, dat er ook andere factoren in het spel zouden kunnen zijn, en dat meer onderzoek noodzakelijk is.[76]

4 Alternatieve behandeling

Voor medische wetenschappers vormt kanker een van de grootst mogelijke uitdagingen. Toch is het onderzoek naar kanker niet vernieuwend, maar voornamelijk gericht op verfijning van bestaande conventionele behandelingen. Er bestaat een merkwaardig gebrek aan studies naar alternatieve behandelmethoden, hoewel vele onconventionele kankertherapieën niet nieuw, maar al een eeuw oud zijn. Het feit dat deze methoden nauwelijks aan westerse wetenschappelijke normen zijn getoetst, kan worden verklaard door de paranoia van het medisch establishment. Vermoedelijk uit angst voor gezichtsverlies en schadelijke gevolgen voor de florerende farmaceutische industrie, wijzen conventionele medici elke vernieuwende behandelmethode van de hand. In de Verenigde Staten zijn bijna alle kankerpioniers – het merendeel gerespecteerde, orthodoxe wetenschappers – juridisch vervolgd. En is het alternatieve therapeuten verboden om te beweren dat zij over remedies tegen kanker beschikken.

De laatste hoop voor de alternatieve geneeskunde was een in 1986 door het Amerikaanse Congres gelast onderzoek naar alle onorthodoxe behandelingen van kanker. Officieel werd een evaluatie van de effectiviteit en veiligheid van de voornaamste alternatieve behandelmethoden beoogd. Vier jaar later luidde de conclusie van het driehonderd pagina's tellende onderzoeksrapport, dat een half miljoen dollar heeft gekost en vol staat met onwaarheden, vergissingen en vooroordelen: 'Er bestaat vrijwel geen betrouwbare informatie over de effectiviteit en veiligheid van deze behandelingen.' Wat de onderzoekers nalieten te vermelden is dat veel beloftevolle behandelingen zijn geëvalueerd door orthodoxe medici, in enkele gevallen door uitgesproken tegenstanders van alternatieve therapieën. Maretak, bijvoorbeeld, werd geëvalueerd – en afgewezen – door een specialist op het gebied van chemotherapie.

Ondanks het klimaat van onderdrukking is een aantal alternatieve therapieën aan gedegen laboratorisch en klinisch onderzoek onderworpen. De resultaten van deze studies en de ervaringen van patiënten spreken niet alleen tot de verbeelding, maar laten keer op keer zien, dat alternatieve therapieën tegen kanker echt werken. Er zijn duizenden gevallen bekend van mensen wiens conditie verbeterde door voedingssupplementen, verandering van dieet, meditatietechnieken of een of andere vorm van zelfexpressie. Zo genas dr. Hugh Faulkner van schijnbaar terminale kanker door over te stappen op een macrobiotisch dieet. En kreeg de doodzieke Norman Cousins hoge doses vitamine C toegediend, terwijl hij zich naar herstel lachte door naar Laurel en Hardy films te kijken.

Hoe uiteenlopend de behandelmethoden in de alternatieve geneeskunde ook kunnen zijn, ze hebben een ding gemeen: een tumor wordt als een symptoom beschouwd. Volgens de holistische visie is het lichaam een gezond, zelfregulerend organisme dat niet ziek wordt, tenzij het schade wordt toegebracht. Kanker, zo neemt de therapeut aan, is een systematische ziekte, die het gehele lichaam aantast. In plaats van de tumor te bestrijden, zou de natuurlijke afweer van het lichaam versterkt moeten worden en zijn alle therapieën erop gericht om het immuunsysteem te helpen om kankercellen te vernietigen.

De meest veelbelovende alternatieve behandelingen
Immuunverhogende therapie
Lawrence Burton, voormalig senior oncoloog van het *St. Vincent's Hospital* in New York, deed in 1966 de medische wereld versteld staan van het wonderbaarlijke effect van zijn *Immuno-Augmentative Therapy* (IAT). Injecties met 4 typen bloedproteïne versterken het immuunsysteem en verkleinen tumoren, zo legde hij aan een publiek van tweehonderd wetenschappelijke auteurs en 70 wetenschappers uit, alvorens hij hun de werking van zijn serum demonstreerde. Samen met een collega gaf hij muizen met opvallende kankergezwellen een injectie. Slechts 45 minuten later bleken de tumoren tot grote verbazing van de toeschouwers voor de helft geslonken. En 90 minuten later waren de tumoren nagenoeg verdwenen. Burtons 'wondermiddel' werd voorpaginanieuws in kranten en tijdschriften over de hele wereld. Drie maanden later herhaalde hij de demonstratie voor een publiek van kanker-

specialisten in de New York Academy of Medicine, deze keer in een gecontroleerd experiment, met vergelijkbare resultaten.

In 1974 opende dr. Burton een kankerkliniek in Great Neck, in de staat New York. Zijn patiënten waren enthousiast, bij velen van hen werden de tumoren kleiner en trad aanzienlijke verbetering op. Van de 20 patiënten met kanker in een vergevorderd stadium, die dr. John Betay uit Greenwich, Connecticut, doorverwees naar dr. Burton, had de helft bij terugkeer in zijn praktijk een kleinere tumor, zo constateerde de arts. Ondanks deze opmerkelijke resultaten, ondervond dr. Burton voortdurend hinder en bemoeienis van de Amerikaanse *Food and Drug Administration,* die zijn behandelmethode niet bewezen achtte. In 1977 zag hij zich gedwongen om zijn kliniek te sluiten en uit te wijken naar de Bahamas, gevolgd door zijn patiënten.

Gedurende enkele jaren kon dr. Burton zijn behandelingen ongestoord voortzetten, totdat hij in 1985 vals werd beschuldigd van het gebruik van een serum dat met Aids was besmet. Volgens Amerikaanse overheidsfunctionarissen van het *National Cancer Institute* (NCI) en de *Centers for Disease Control* (CDC) droegen patiënten van Burton bij terugkeer naar de Verenigde Staten het virus bij zich. Onder druk van de Amerikaanse overheid heeft de regering op de Bahamas zijn kliniek gesloten. Pas nadat Burton rechtszaken tegen de NCI en CDC had aangespannen, en woedende patiënten zich tot leden van het Amerikaanse congres hadden gewend, kon de kliniek worden heropend.

Een van de patiënten die dr. Burton door dik en dun steunde was de vermaarde kankerchirurg dr. Philip Kunderman van het Roosevelt Hospital in New York, wiens kanker naar eigen zeggen door middel van IAT met succes onder controle werd gehouden. Vandaag de dag is *tumour necrosis factor* (TNF) – eveneens een derivaat van bloed – een van de meest veelbelovende behandelmethoden. Volgens sommige wetenschappers is TNF een direct resultaat van Burton's baanbrekende onderzoek.

Kankerbestrijdende bouwstoffen
Als een van de jongste promovendi in Europa, emigreerde dr. Stanislaw Burzynski op 25-jarige leeftijd vanuit zijn geboorteland Polen naar de

Verenigde Staten, om les te gaan geven aan het *Baylor College of Medicine* in Texas. Subsidie van het *National Cancer Institute* stelde hem in staat onderzoek te doen, waarbij hij een serie peptiden – bouwstoffen van aminozuren – met kankerbestrijdende eigenschappen heeft gevonden die van nature in ons bloed en in onze urine voorkomen. Deze ontdekking wijst, zoals Harris Coulter opmerkt, op het bestaan van een tweede immuunsysteem, of wat Burzynski het biochemische afweersysteem noemt.

In tegenstelling tot het gewone immuunsysteem, dat ons tegen ziekteverwekkers beschermt, lijkt dit tweede afweersysteem ons te behoeden tegen defecte cellen, zoals kankercellen, 'door ze te herprogrammeren en ervoor te zorgen dat ze zich normaal ontwikkelen'. Volgens Burzynski wil dit zeggen dat kanker een conditie is waarbij informatie niet op de juiste manier wordt doorgegeven, met het gevolg dat de celreproductie op hol slaat. Kankerpatiënten lijken een tekort te hebben aan bepaalde stoffen die deze onjuiste programmering corrigeren. Om het natuurlijke evenwicht te kunnen herstellen, heeft dr. Burzynski een methode ontwikkeld om deze substanties uit bloed, weefsel en urine te onttrekken en toe te voegen aan het bloed van mensen met kanker. Bij zijn patiënten leidde de inbreng van extra peptiden in de bloedstroom – intraveneus of oraal, met capsules – tot vermindering van tumoren of volledig herstel.

De onderzoeksresultaten van dr. Burzynski zijn, in tegenstelling tot die van vele andere pioniers op het gebied van kankeronderzoek, bevestigd door onafhankelijke laboratoria en vervolgens gepubliceerd. Stapels van zijn studierapporten zijn ook voorgelegd aan de Amerikaanse *Food and Drug Administration* (FDA), in een poging om een nieuwe licentie te bemachtigen. In de eerste fase hebben klinische proeven van de FDA de conclusies van Burzynski bevestigd. De peptiden die hij ontdekte, bleken met name goede resultaten voort te brengen bij patiënten met prostaatkanker, blaaskanker of hersentumoren; bij velen trad een gedeeltelijke of volledige remissie op en 20% overleefde tenminste 5 jaar. Van de eerste patiënten die hij heeft geholpen, zijn volgens Burzynski velen 13 jaar later nog in leven, gezond en wel.[1]

Voor de tweede fase van de toelatingsprocedure van de FDA heeft dr. Burzynski zijn kankerbestrijdende bouwstoffen toegediend aan 20 patiënten met *astrocytoma* (hersenkanker) in een vergevorderd stadium. Sinds het begin van de studie in 1990 hebben 4 van hen een complete en twee andere een gedeeltelijke remissie bereikt.[2] Vier jaar eerder, in 1986, had dr. Burzynski op het *International Cancer Congress*, 's werelds meest prestigieuze forum over kankeronderzoek, de resultaten van vervolgonderzoeken, vijf jaar na zijn eerste proeven, gepresenteerd. Hieruit bleek dat 47% van zijn patiënten volledig was hersteld, bij 60% aanzienlijke verbetering was opgetreden en dat 20% van de patiënten die waren genezen 5 jaar overleefde, zonder dat er opnieuw sporen van kanker werden gevonden.

Niettemin duurde het in totaal 6 jaar, alvorens de FDA aan Burzynski een licentie verleende, maar niet voordat – op dezelfde dag als de kliniek van dr. Lawrence Burton op de Bahamas werd gesloten – agenten zijn onderzoeksinstituut binnenstormden en op verdenking van vage 'overtredingen' al zijn wetenschappelijke, medische en persoonlijke gegevens in beslag namen. Hoewel dr. Burzynski sinds enkele jaren patiënten behandelt in zijn eigen kliniek in Texas, is hij doelwit gebleven van de niet aflatende kritiek van de gevestigde orde. Kort geleden was hij in een proces verwikkeld tegen de Amerikaanse overheid, die hem van interstatelijke handelsovertredingen beschuldigde. In werkelijkheid bestelden kankerpatiënten uit andere Amerikaanse staten medicatie bij dr. Burzynski. Hij is inmiddels vrijgesproken en van alle blaam gezuiverd.

Govallo Immuuntherapie: VG-1000
Gedurende vele jaren hebben de Russische immunoloog dr. Valentin Govallo en zijn collega's van het *Immunology Laboratory* in Moskou geprobeerd kanker te bestrijden door het versterken van het immuunsysteem van de patiënt. Toen dit niet voldoende bleek, zocht Govallo naar andere wegen. In de jaren zeventig ontdekte hij dat de menselijke placenta substanties bevat die de foetus beschermen tegen schadelijke reacties van het immuunsysteem van de moeder. Dit immunologische schild is vergelijkbaar met dat van tumoren, waardoor het zou kunnen worden gebruikt om het immuunsysteem van tumoren buiten werking

te stellen, of, zoals Govallo stelt, 'als een inbreker die het alarmsysteem uitschakelt alvorens hij gaat stelen'. Hiervoor ontwikkelde hij een vaccin, genaamd 'VG-1000', waarvoor weefsel wordt gebruikt van de placenta van moeders die een gezonde baby hebben gekregen. Govallo redeneert dat als je de immuniteit van de tumor kunt onderdrukken, 'zelfs een stervende patiënt de strijd tegen kanker kan winnen.' Wanneer in een reageerbuis extracten van dit weefsel uit de baarmoeder worden toegevoegd aan witte bloedcellen, 'blokkeren effectief alle reacties van celimmuniteit', zo ontdekte hij.[3]

Sinds 1974 heeft dr. Govallo ongeveer 100 patiënten met succes behandeld en hij beschikt over gedocumenteerde wetenschappelijke bewijzen dat 60% van de patiënten met een vergevorderd stadium van kanker hun leven met behulp van het VG-1000 vaccin ongeveer 10 jaar kan rekken.[4] Van de 45 kankerpatiënten die in 1974 werden behandeld, zijn er 29 nog steeds in leven - een overlevingspercentage van 64,4%. Volgens Govallo is VG-1000 het meest effectief tegen borst-, long-, darm- en nierkanker, kwaadaardige melanomen en hersentumoren.

Dr. John Clement van het *Immunology Researching Center* in Freeport op de Bahamas en de medisch historicus Harris Coulter hebben VG-1000 in een klinisch onderzoek wetenschappelijk geëvalueerd. Coulter benadrukt dat het vaccin, evenals andere immuuntherapieën, het beste werkt bij patiënten die geen intensieve bestraling of chemotherapie achter de rug hebben, of een operatie hebben ondergaan. Patiënten met metastatische leverkanker komen niet in aanmerking voor het vaccin, omdat dit bij een patiënt tot de ontwikkeling van reactieve hepatitis heeft geleid.

Gerson therapie
De in Duitsland geboren dr. Max Gerson staat bekend om zijn zoutloos en vetarm vegetarisch dieet, dat bewezen effectief is tegen kanker. Het geheim zit 'm in biologisch geteelde groenten en fruit en 13 glazen vers geperst sap per dag, oftewel om het uur een glas. Gerson kwam tot deze samenstelling nadat hij vijftig jaar geleden vaststelde dat het westerse dieet in grote mate ongezond was vanwege hoge concentraties natrium en kalium. Hij introduceerde ook een methode om het

lichaam te ontgiften door middel van cafeïne-injecties, die ervoor zorgen dat de lever en de dikke darm giftige stoffen uitscheiden.

The Lancet heeft in 1990 een evaluatie gepubliceerd waaruit blijkt dat bij drie van zeven kankerpatiënten met uitgebreide metastase die het dieet van Gerson volgden een complete remissie optrad. Alle patiënten verklaarden dat zij minder pijn hadden en een geringe behoefte aan medicatie.[5] Een uit 1995 daterende studie naar het ziekteverloop van patiënten met melanomen, heeft uitgewezen dat alle patiënten in ziektestadium I en II dankzij Gerson de kanker overleefden en dat 82% van de patiënten in stadium III in leven bleef. Ter vergelijking: van de patiënten in stadium III die een conventionele behandeling kregen, overleefde slechts 39%.[6]

De Gersontherapie is echter niet onverdeeld succesvol. Volgens een studie uit 1994 oefent het dieet weinig invloed uit op kanker in een vergevorderd stadium. Tweeëntwintig patiënten die weinig of geen baat hadden gehad bij chemotherapie, bestraling of chirurgie en hun hoop op Gersons dieet hadden gevestigd, stierven allen binnen 7 maanden; in een andere studie naar het ziekteverloop van achttien patiënten, de helft met kanker in een vergevorderd stadium, stierven op één na allen binnen 9 maanden. Zes van hen hadden geen enkele conventionele behandeling ondergaan.[7]

Coley's Toxines
Aan het eind van de negentiende eeuw heeft dr. William Coley, een jonge chirurg, ontdekt dat een patiënt met botkanker de ziekte overleefde doordat hij werd geïnfecteerd met *Streptococcus pyogenes*, een levensbedreigende huidziekte. Sindsdien heeft dr. Coley veertig jaar gewerkt aan de verfijning van wat bekend is geworden als Coley's toxine – een giftige stof die wordt voortgebracht door bacteriën, in dit geval van door *Streptococcus pyogenes* en *Serratia marcescens*, dat de streptokokken activeert. Na toediening van de toxine, zo ontdekte dr. Coley, nam de polsslag van de patiënt snel toe en steeg zijn lichaamstemperatuur met soms wel meer dan drie graden. Volgens journalist Ralph Moss is er sprake van een soort verhittingstherapie, waarbij 'het uiterste wordt gevergd van het immuunsysteem'. Wetenschappers van het Britse *National Can-*

cer Institute hebben ontdekt dat de toxines *lipopolysaccharide* bevatten, die het immuunsysteem leken te stimuleren tot de productie van 'tumor *necrosis factor*' of TNF dat kankercellen vernietigt.

De dochter van dr. Coley, die vele jaren heeft gespendeerd aan het maken van tabellen van de studieresultaten, heeft aangetoond dat van de bijna duizend patiënten die haar vader heeft onderzocht 45% met niet te opereren tumoren en 50% van degenen met tumoren die wel operabel zijn als genezen werden beschouwd, hetgeen betekent dat zij nog minimaal vijf jaar leefden. De beste resultaten werden behaald bij bot- en borstkanker; 79% van de patiënten met niet te opereren botkanker en 87% van de patiënten die wel operabel waren overwonnen de ziekte, terwijl 65% van degenen met inoperabele borstkanker genas en alle patiënten die wel konden worden geopereerd de kanker overwonnen.[8] Een gecontroleerd klinisch onderzoek in het medisch centrum van de universiteit van New York in 1962 concludeerde dat de therapie van Coley 'absolute kankervernietigende eigenschappen heeft en geschikt is voor behandeling van bepaalde vormen van de kwaadaardige ziekte.'

Kelley's behandelmethode
Dr. William Kelley, die gedurende twintig jaar kankerpatiënten heeft behandeld, was ervan overtuigd dat de pancreas – of alvleesklier - meer nog dan het immuunsysteem, een beslissende rol speelt bij kanker. Deze klier die buikspeeksel afscheidt, produceert enzymen die volgens Kelley niet alleen van belang zijn voor de spijsvertering, maar ook een vernietigend effect hebben op kankercellen die in de bloedstroom circuleren.

Dr. Kelley heeft preparaten ontwikkeld die pancreatine – enzymen uit de pancreas – bevatten. Zijn patiënten schreef hij tevens extra vitaminen en mineralen voor, evenals een dieet van verse, bij voorkeur plantaardige voedingsproducten. Afhankelijk van de conditie van de patiënt en de vorm van kanker, selecteerde hij één uit tien basisdiëten. Vervolgens spoorde hij zijn patiënten aan hun lichaam te reinigen met behulp van koffieklysma's. Door cafeïne via de anus in te brengen, zouden de galbuizen zich openen en opgehoopte giftige stoffen uitscheiden.

Dr. Nicholas Gonzalez, een arts met een eigen praktijk in New York, heeft de medische gegevens van 455 patiënten van dr. Kelly, met in totaal 26 verschillende vormen van kanker, geanalyseerd. Hij stelde vast dat vele patiënten, die door orthodoxe artsen waren opgegeven, vijf, tien of vijftien jaar na de behandeling van Kelley nog in leven waren. Van 5 patiënten met inoperabele kanker van de pancreas, overleefden er 4 – de vijfde stierf aan de ziekte van Alzheimer – tenminste 8,5 jaar, wat bij Kelley als het gemiddelde gold; in de conventionele geneeskunde is de overlevingstijd voor deze vorm van kanker 3 tot 6 maanden.

Macrobiotische voeding
Een macrobiotisch dieet bestaat voornamelijk uit verse groenten, fruit, granen, bonen, noten, zaden, zeegroenten en, zo nu en dan, vis. Verhalen van mensen die dankzij een macrobiotisch dieet en verandering van levensstijl – geen alcohol en tabak, veel beweging, ontspanning en meditatie – van kanker zijn genezen, kunnen worden opgevraagd bij het *Kushi Institute*[9]

Macrobiotiek is gebaseerd op het oude Chinese principe van de complementaire krachten van Ying en Yang. Volgens Michio Kushi, leidt het opnieuw in evenwicht brengen van de energie en functies van het lichaam ertoe dat sommige kankercellen worden vernietigd, en andere in normale cellen transformeren. Belangwekkend is dat de vezelrijke, cholesterol- en vetarme voeding, waar alternatieve kankertherapeuten al sinds lange tijd voor pleiten, momenteel ook deel uitmaakt van voorlichtingscampagnes van de conventionele geneeskunde. De voedingsadviezen in recente rapporten van de Amerikaanse *National Academy of Sciences*, the *ACS* en het *National Cancer Institute* vertonen opvallend veel overeenkomsten met de macrobiotische voedingswijzer.

Ureum
Sinds de Tweede Wereldoorlog bestaat het idee dat menselijke urine kankerbestrijdende eigenschappen heeft. Met name het werk van dr. Evangelos D. Danopoulos, hoogleraar medische wetenschappen aan de Universiteit van Athene en specialist in oncologie, draagt ertoe bij dat deze gedachte aan erkenning wint. Hij heeft ontdekt dat *ureum,* een

eindproduct van de eiwitstofwisseling dat door de nieren met de urine wordt uitgescheiden, de waterhuishouding aan het oppervlak van kankercellen – die anders met water omgaan dan normale cellen – verstoort. Dit heeft nadelige gevolgen voor het metabolisme van kankercellen, dat nodig is voor het creëren van uitzaaiingen.

Tijdens een van zijn vele studies slaagde dr. Danopoulos erin alle 46 patiënten met kanker in of rond het oog door middel van een operatie en lokale injecties met ureum te genezen. Dit slagingspercentage van 100% is opzienbarend, des te meer omdat de conventionele geneeskunde tot nu toe zelden of nooit volledige genezing of remissie heeft bereikt.[10] Een andere studie naar het ziekteverloop van mensen met kanker van het slijmvlies aan de binnenkant van het ooglid, toont aan dat acht van de negen patiënten die ureum kregen toegediend volledig herstelden.[11] Achttien patiënten met leverkanker bleken dankzij ureum in staat om hun leven met 26,5 maanden te rekken, 5 keer langer dan verwacht[12], evenals achtentwintig andere patiënten met leverkanker, van wie er zeventien uitzaaiingen hadden.[13]

Recent heeft dr. Danopoulos een meer geavanceerde versie van de ureuminjectie ontwikkeld, die ervoor zorgt dat de tumorcellen niet alleen onschadelijk worden gemaakt, maar tevens als het ware worden verzegeld. Hij heeft inmiddels een slagingspercentage bereikt van 96%.[14] Bovendien ontdekte hij dat monohydraten van *creatine,* een tussenproduct in de stofwisseling, kankerbestrijdende eigenschappen hebben die vergelijkbaar zijn met ureum, terwijl deze moleculaire verbindingen met water langzamer worden afgebroken en omgezet in *creatinine.* In combinatie met ureum, zorgt *creatinine* ervoor dat de hoeveelheid *nitrogenium* - een kleurloos, reukloos gas met een negatief effect op kankercellen – dat afkomstig is van ureum in het bloed beter blijft gehandhaafd dan bij het gebruik van ureum alleen.

Waterstofperoxide
In haar boek *The UnMedical Miracle – Oxygen*[15], beschrijft Elizabeth Baker waterstofperoxide, evenals zuurstof en ozon, als een veelgebruikte behandelmethode voor uiteenlopende ziekten in de jaren twintig. Na de uitvinding van penicilline, zo stelt zij, slaagden farmaceuten erin om

artsen over te halen hun producten te gaan gebruiken en hadden veel efficiënte behandelingen van weleer zo goed als afgedaan. Sinds de jaren zestig ontdekten onderzoekers echter dat waterstofperoxide een effectief middel is in de strijd tegen kanker.

In tegenstelling tot gewone cellen die zuurstof nodig hebben voor hun chemische reacties, reageren kankercellen op een primitieve manier; hun metabolische processen verlopen door middel van gisting in plaats van zuurstof. Dit betekent dat kanker zich het beste kan ontwikkelen in een omgeving zonder zuurstof. Volgens Baker krijgen wij, als gevolg van de verminderde kwaliteit van ons leefmilieu, beduidend minder zuurstof binnen, met alle gevolgen van dien.

Maar wat heeft waterstofperoxide hiermee te maken? We hebben allemaal wel eens gehoord van de gevaren van vrije radicalen in het lichaam. Een vrije radicaal is een molecuul of atoom met een of meer elektronen die niet bij elkaar horen, oftewel vrije elektronen, waardoor hij minder evenwichtig is dan een gewoon molecuul of atoom. Deze vrije radicalen kunnen bijzonder reactief zijn, hetgeen inhoudt dat zij proberen om met om het even welke cellen in hun omgeving samen te gaan, waardoor een kettingreactie van vrije radicalen ontstaat. Dit leidt tot beschadiging van proteïnen en celweefsel, die op den duur uiteenvallen, hetgeen diverse ziekten tot gevolg kan hebben.

Ons lichaam maakt echter ook op een positieve manier gebruik van vrije radicalen in de strijd tegen ziekte. Zo produceren wij vrije radicalen in de vorm van waterstofperoxide die vreemde en ongewenste organismen omsingelen en vernietigen. Tevens stimuleert waterstofperoxide de activiteit van cellen die van nature kankerbestrijdende eigenschappen hebben.[16] Een artikel in het *American Journal of Cardiology*[17] bevestigt de resultaten van talloze andere studies uit de jaren zestig, die aantonen dat een oplossing van 0,2% waterstofperoxide door middel van injecties veilig aan patiënten kan worden toegediend, eventueel in combinatie met het medicijn heparine, om ontsteking van aderen te voorkomen.

Hoewel de wetenschappelijke literatuur ongeveer 2500 verwijzingen bevat naar de rol van waterstofperoxide bij het voorkomen van ziekte, is de *International Bio-Oxidative Medicine Foundation* in Dallas tot nu toe de enige organisatie die er onderzoek naar doet. Haar oprichter, Charles H. Farr, is een bekend voorstander van waterstofperoxidetherapie. Toen hij in de jaren vijftig proeven deed met ratten, bleken tumoren binnen twee maanden volledig te verdwijnen.[18] Bij mensen treden in het geval van lymfeklierkanker en darmkanker helende effecten op, maar, zo geeft Farr toe, 'de respons is langzaam en de veranderingen zijn subtiel'.

Bij bestraling zijn echter uitstekende resultaten geboekt met waterstofperoxide, dat weefsel versterkt en voorkomt, dat dit negatief op de behandeling reageert. Studies hebben uitgewezen, dat radiotherapie effectiever wordt naarmate het zuurstofgehalte in tumorcellen hoger is. Voor een onderzoek werden 190 patiënten geselecteerd die volgens conventionele maatstaven als ongeneeslijk werden beschouwd. Minder dan 10% van hen werd verondersteld nog een jaar te kunnen leven. Met behulp van bestraling en waterstofperoxide was 77% van hen echter nog een jaar in leven, tweederde nog twee jaar, bijna de helft nog drie jaar en een kwart was na 5 jaar nog in leven. De mensen die het beste op de behandeling reageerden hadden kanker van de baarmoederhals, blaas, nek of in het hoofd.[19] Volgens Farr is de behandeling met waterstofperoxide het meest succesvol in combinatie met hoge doses vitamine C en chelatietherapie, waarmee wordt bewerkstelligd dat giftige stoffen van kanker uit het lichaam worden verwijderd.

De conflicttheorie van dr. Hamer

In tegenstelling tot de meeste andere therapeuten, concentreert de Duitse kankerspecialist dr. Ryke Geerd Hamer zich vrijwel uitsluitend op de oorzaken van kanker. Hij gaat er vanuit dat, zodra de oorzaak is vastgesteld en onder ogen wordt gezien, genezing zal volgen, mits het lichaam in staat wordt gesteld om haar eigen zelfgenezende eigenschappen volledig te benutten. Dat deze benadering zinvol is, blijkt uit de getuigenissen van vele ex-kankerpatiënten. Niettemin is dr. Hamer vervolgd door de Duitse autoriteiten, die hebben geprobeerd om hem het uitoefenen van zijn praktijk onmogelijk te maken.

Eenvoudig gezegd gelooft dr. Hamer dat aan de basis van alle vormen van kanker een conflict ligt. In geval van borstkanker, zou – bij rechtshandige vrouwen – twee tot vier maanden voorafgaand aan de diagnose een shockerende of traumatische gebeurtenis kunnen hebben plaatsgevonden. Zo zou kanker van de linkerborst veroorzaakt worden door een herkenbaar conflict tussen moeder en kind, ruzie met gezins- of familieleden, of door ziekte of afhankelijkheid van de partner. Kanker van de rechterborst zou, eveneens bij rechtshandige vrouwen, het gevolg zijn van individuele strijd – gebrek aan zelfvertrouwen, faalangst, pessimisme, overgevoeligheid – of problemen met de partner. Bij linkshandige vrouwen zou dit precies andersom zijn.

Dr. Hamer heeft wetenschappelijk bewezen, zo beweren zijn aanhangers, dat conflicten, van welke aard dan ook, ertoe leiden dat een deel van de hersenen, zo groot als een duimnagel, zich focust op stress. Welk deel dit is, in de linker- of rechterhersenhelft, bepaalt welke vorm van kanker zich zal gaan ontwikkelen.

Hoewel een conflict of trauma op het eerste gezicht niet wereldschokkend lijkt, zeker niet voor een buitenstaander, zijn controleverlies en een gevoel van machteloosheid, die met deze stress gepaard gaan, een universeel fenomeen bij slachtoffers, zo stelt dr. Hamer. En dan zijn er nog de 'slepende conflicten', of onopgeloste problemen uit het verleden, die iemand langdurig parten kunnen spelen, zonder dat ze ooit op de voorgrond treden of worden uitgesproken. Volgens dr. Hamer zal de patiënt met succes de strijd tegen kanker kunnen aanbinden, zodra hij of zij het probleem dat hieraan ten grondslag ligt erkent en op alle fronten voldoende steun krijgt, dat wil zeggen zowel lichamelijk, mentaal, emotioneel als spiritueel. Voor het genezingsproces is geen chemotherapie nodig, zegt hij, en evenmin morfine, dat volgens hem schadelijk is voor het hele lichaam en nieuwe conflicten, en zelfs de dood, kan veroorzaken.

Haaienkraakbeen

Van een preparaat van kraakbeen van haaien wordt gezegd dat het een belangrijke rol bij de bestrijding van kanker kan spelen. Onderzoeksrapporten bevatten eveneens lovende kritieken. In 1975 hebben onderzoekers van de *Harvard Medical School* een bepaald bestanddeel van kraakbeen geïsoleerd dat de groei van kleine bloedvaten die tumoren van bloed voorzien vermindert, en de ontwikkeling van haarvaten voor 70% tegengaat.

Een jaar later ontdekten dezelfde onderzoekers dat kraakbeen verscheidene proteïnen bevat en dat de belangrijkste een vernietigende uitwerking heeft op enzymen die voor hun voortbestaan proteïne nodig hebben.[20] Een professor van het *Massachusetts Institute of Technology* (MIT) opperde dat kraakbeen van de schouderbladen van kalveren zou kunnen volstaan. Omdat de lichamen van kalveren slechts een geringe hoeveelheid kraakbeen bevatten, bleek echter al snel een nieuwe bron nodig. Zo kwam men uit bij haaien, die een geraamte hebben dat bijna geheel uit kraakbeen bestaat.

De wetenschap is een handje geholpen door de marketingbusiness, met reclameslogans als '*Haaien krijgen geen kanker*' en '*Eén van de oudste en gevaarlijkste vijanden van de mens herbergt het middel in zich waarmee wij een van de meest gevreesde vijanden van deze tijd kunnen overwinnen*'. Nadere beschouwing van het wetenschappelijk bewijs, waarop deze beweringen zijn gebaseerd, roept echter vragen op. Zo is voor onderzoek naar de effectiviteit van haaienkraakbeen voornamelijk gebruik gemaakt van in vitro methoden, hetgeen betekent dat het onderzoek in glas – petrischaal of reageerbuis, en dus buiten het dierlijke en menselijke lichaam, plaatsvond. Voor deze proeven werden kippeneieren gebruikt.[21] Bij andere studies waren levende dieren, onder meer de haaien zelf, betrokken. Zo heeft men haaien met kankercellen geïnjecteerd, om te zien of zij kanker zouden krijgen – met het gevolg dat bij een aantal inderdaad tumoren werden gevonden, en bij andere niet.[22]

Het bestanddeel in haaienkraakbeen dat de groei van bloedvaten tegengaat, zorgt niet voor genezing van kanker, zelfs niet in hoge concentraties in reageerbuizen. Op grond van dit onderzoek concluderen wetenschappers van het *Massachusetts Institute of Technology*, dat het kraakbeen 'de groei van kankercellen niet rechtstreeks verstoort.' In plaats daarvan voorkomt het de groei van tumoren door de formatie van nieuwe bloedvaten te vertragen.[23]

Het werk van Judah Foulker wordt vaak aangehaald om te bewijzen dat haaienkraakbeen effectief is. Maar zelfs professor Foulker stelt duidelijk dat '*in vitro*-testen voorspellen niet accuraat de doeltreffendheid *in vivo*' – met andere woorden, wat er in de reageerbuis gebeurt, hoeft niet hetzelfde te zijn wat er in het lichaam plaatsvindt.[24]

Boeken als *Haaien krijgen geen kanker* van William Lane kunnen tot frustratie leiden bij degenen die erachter proberen te komen hoe het nu echt zit. Zo citeert Lane verscheidene kleine, maar op het eerste gezicht indrukwekkende studies die de werkzaamheid van haaienkraakbeen bevestigen, maar op onverklaarbare wijze zijn deze niet opgenomen in de lijst van referenties, achter in het boek.

Terwijl voor het onderzoek bij dieren tenminste gebruik is gemaakt van controlegroepen, zodat een directe vergelijking tussen de behandelde en onbehandelde dieren mogelijk is, beataat het onderzoek bij mensen uit niet meer dan verslagen van behandelde gevallen. Zo doet Lane verslag van een in 1992 in Mexico uitgevoerd onderzoek van Roscoe van Zandt, die aan acht vrouwen met borstkanker in een vergevorderd stadium een preparaat van haaienkraakbeen toediende en tot de conclusie kwam dat dit middel bij hen een positief effect had. Tevens maakt Lane melding van de ervaringen van 2 Panamese patiënten met terminale kanker. Bij de ene, die aan een minder ernstige vorm van leverkanker leed, trad remissie op, maar het lot van de ander, bij wie longkanker naar de botten en hersenen was uitgezaaid, was onduidelijk.

Onderzoek dat elders in de wereld precedenten heeft geschapen, inclusief ongepubliceerde gegevens van William Lane over de doeltreffendheid van anale toediening vertellen een soortgelijk verhaal. Het is echter te gemakkelijk om een slagingspercentage van vijftig procent te claimen, als aan het onderzoek slechts een handvol mensen heeft deelgenomen. Naar aanleiding van deze resultaten, heeft de Amerikaanse televisie haaienkraakbeen als middel tegen kanker onder de aandacht van het publiek gebracht. Het algemeen gerespecteerde programma '60 Minutes' volgde 27 patiënten in Cuba en de resultaten, waarvan niets in de medische literatuur is terug te vinden, waren vaag: afname van pijn, verbetering van de eetlust, attitude en levenslust. Onbekend is echter hoe lang deze mensen in leven bleven.

Dr. Lane is niet afgestudeerd in de geneeskunde; hij heeft een PhD in *agricultural biochemistry*, oftewel op de landbouw gerichte biochemie. Zijn bedrijf produceert enkele van de best verkopende preparaten van haaienkraakbeen, waardoor hij onmogelijk kan doorgaan voor een onbevooroordeelde waarnemer. Omdat haaienkraakbeen geen medicijn is, wordt dit niet getoetst aan de normen die voor gecertificeerde middelen gelden. De MIT heeft vastgesteld, dat van verscheidene commerciële producten geen positieve uitwerking mag worden verwacht.

Het merendeel van de supplementen die zonder doktersvoorschrift bij de apotheek verkrijgbaar zijn, dienen oraal te worden ingenomen, terwijl bij de meeste klinische studies sprake was van injecties. Hoewel het duidelijk is dat bestanddelen van haaienkraakbeen kanker helpen bestrijden, is niet bewezen dat middelen in de vorm van tabletten, pessaria of milkshakes, die zonder recept verkrijgbaar zijn, voorzien in een adequate dosis van de benodigde stoffen, die tegenwoordig *Cartilage Derived Inhibitor* (CDI) worden genoemd.

De fabrikant van een van de bekendste preparaten van haaienkraakbeen, *Cartilage Technologies Inc* (CTI), besloot tot stopzetting van de sponsoring van een door de *Food and Drug Aministration* gecontroleerd klinisch onderzoek, waarbij evaluatie van haaienkraakbeen als kankerbestrijdend middel werd beoogd. Een woordvoerder van CTI liet weten, dat het bedrijf 'niet in staat was om belangrijke wetenschappelijke gegevens te traceren, die aanleiding zijn voor verdere financiering van de pogingen om een medische licentie voor haaienkraakbeen te verkrijgen.'[25] CTI maakte ook bekend, dat het bedrijf 'het product niet promoot als een middel tegen kanker, en het moeilijk te begrijpen vindt, dat welk bedrijf dan ook kankerbestrijdende werking toeschrijft aan een voedingssupplement, vooral als dit ongegrond is.'

Germanium
Om de productie van interferon, natuurlijke afweerstoffen tegen virusinfecties en kankercellen, te stimuleren, wordt *germanium* gebruikt.[26] Dit plantaardige middel reguleert ook de reactie van het lichaam op tumoren. Zo blijkt het extra zuurstofmoleculen naar lichaamscellen te transporteren; omdat kankercellen in tegenstelling tot gewone cellen geen zuurstof in energie kunnen omzetten, is dit nadelig voor hun ontwikkeling en kunnen ze in gewone cellen transformeren.

Een dubbelblind Japans onderzoek bij patiënten met inoperabele longkanker, waarbij een controlegroep een placebo kreeg toegediend, heeft aangetoond dat het gebruik van *germanium*, als extra middel bij chemotherapie of bestraling, tot goede resultaten leidt en de levensduur van de patiënten kan verlengen. De behandeling was het meest effectief bij mensen met kanker van kleine cellen. Minstens dertien studies, waarbij germanium bij dieren werd uitgetest, hebben eveneens kankerbestrijdende eigenschappen van het middel aangetoond.[27]

Een synthetische variant van germanium blijkt echter nierbeschadiging te kunnen veroorzaken.[28] De boosdoener is *germanium oxide*, dat niet voorkomt in het plantaardige middel dat bij kankerpatiënten wordt gebruikt. Niettemin kan tijdens het productieproces van germanium het schadelijke germanium dioxide ontstaan. Er bestaan helaas geen betrouwbare testen voor de zuiverheid van germanium.

Laetrile (vitamine B17)

Meer dan 1200 planten, met name de zaden van abrikozen en perziken, bevatten vitamine B17. Wanneer deze stof door enzymen in ons lichaam wordt afgebroken, komt cyanide vrij. Aangezien kankercellen 1.000 keer meer van deze specifieke enzymen bevatten dan normale cellen, komt er bij kankerpatiënten veel meer van het giftige cyanide vrij, dat uitsluitend een vernietigende uitwerking op kankercellen heeft – ons lichaam bevat andere enzymen die cyanide onschadelijk maken voor gewone cellen. Hieruit volgt dat vitamine B17 in theorie een perfect middel is voor de bestrijding van kanker, aangezien het selectief kankercellen vernietigt.

Een groep artsen uit San Francisco heeft een preparaat van vitamine B17 ontwikkeld, met de merknaam *Laetrile*. Studies in de periode van 1972 tot 1977, onder leiding van de internationaal vermaarde onderzoekswetenschapper dr. Kanematsu Sugiura, hebben uitgewezen dat vitamine B17 uitzaaiing van kanker in de longen tegengaat. Onderzoeksjournalist Ralph Moss, die destijds wetenschappelijke verslagen maakte voor het onderzoeksinstituut *Sloan-Kettering*, zegt dat de positieve resultaten van proeven met vitamine B17 door de leiding in de doofpot zijn gestopt.[29] 70 milligram vitamine B17, een hogere dosis dan voor het onderzoek van dr. Kanematsu Sugiura is gebruikt, heeft een bewezen gunstige uitwerking op patiënten die aan borstkanker of botkanker lijden. Leukemiepatiënten, daarentegen, blijken geen baat bij dit supplement te hebben.[30] Teveel vitamine B17 is echter schadelijk. Er zijn gevallen van vergiftiging bekend van zowel kinderen als volwassenen, een enkele keer met fatale gevolgen. Gebleken is dat het hier om mensen gaat die niet op doktersvoorschrift, maar zelf hoge doses vitamine hebben ingenomen, in sommige gevallen preparaten die voor injectie waren bedoeld.[31] Bij intraveneuze toediening lijkt vitamine B17 evenwel minder giftig. Als je van plan bent om supplementen te gebruiken, doe dit dan in overleg met een arts, neem niet tegelijkertijd hoge doses vitamine C in, aangezien normale cellen hierdoor minder goed in staat zullen zijn om de cyanide te ontgiften.

Voeding en vitaminen
Veruit de bekendste alternatieve benadering van kanker, die meer en meer wordt overgenomen door de conventionele geneeskunde, is aanpassing van voeding en het gebruik van vitaminen.

Het Dries-dieet
De Nederlandse voedingsdeskundige Jan Dries heeft een dieet ontwikkeld, dat voornamelijk uit fruit bestaat. Volgens Dries kunnen alle componenten van voedsel worden beschouwd als gecomprimeerd licht, waarvan bio-energetische energie uitgaat. Hoe controversieel zijn benadering ook is, toch is deze visie niet nieuw. In de jaren twintig van de 20e eeuw, werd de energie van de plantaardige groene massa voor het eerst onderzocht door de Russische wetenschapper Alexander Gurwitsch, wiens onderzoek is uitgebreid door prof. dr. Popp en zijn collega's. De bijdrage van Jan Dries aan de bio-energetica, bestaat uit de ontdekking van kankerafwerende kwaliteiten van een aantal voedingsproducten, met name wilde bessen en tropische vruchten. Het meest indrukwekkende aspect van het werk van Jan Dries, is het succes dat hij met zijn dieet heeft behaald bij zijn vele patiënten. Hij heeft meer dan 600 kankerpatiënten begeleid, die dankzij het dieet, als toevoeging aan andere behandelingen, opleefden.

Vitaminen

Om na te gaan of het gebruik van extra vitaminen en mineralen het risico van kanker kan verlagen, heeft een team van onderzoekers van het Amerikaanse *National Cancer Institute* en de Chinese *Academy of Medical Sciences* in Bejing in de Chinese provincie Linxian County een onderzoek uitgevoerd, waarbij aan 30.000 mensen in de leeftijd van 40 tot 69 jaar supplementen werden gegeven. Dagelijks kregen zij een van vier verschillende combinaties van voedingsstoffen, waarvan de dosering 2 keer zo hoog was als de hoeveelheid die in de Verenigde Staten voor algemeen gebruik wordt aangeraden. Het onderzoek, dat in 1986 werd gestart, duurde in totaal vijf jaar.

Linxian County heeft 's werelds hoogste percentage maag- en slokdarmkanker. De voeding van de bevolking bestaat voornamelijk uit granen en bevat relatief weinig voedingsstoffen die in groente en fruit voorkomen. Supplementen van bètacaroteen, vitamine E en selenium zorgden bij de groep die deze combinatie van voedingsstoffen kreeg voor een daling van het sterftecijfer met 13%, zo stelden de onderzoekers vast. In zijn geheel nam de mortaliteit met 10% af, terwijl het aantal sterfgevallen door maagkanker 21% kleiner werd. Deze resultaten zijn opvallend, vooral gezien de relatief korte studieperiode. Een interessant gegeven is, dat ook het aantal mensen dat overleed aan cerebrovasculaire apoplexie, oftewel een beroerte, 38% kleiner werd.

Hoewel er bij de groep die *riboflavine* en *niacin* – twee typen vitamine B – innam, geen sprake was van een statistisch significante daling van het sterftecijfer, bleek het aantal gevallen van keelkanker met 14% af te nemen en werden 41% minder gevallen van de oogziekte grauwe staar gemeld.[32] Deze studie is van grote betekenis vanwege de zorgvuldige opzet en het feit dat de uitkomsten een bevestiging vormen van de resultaten van gelijksoortige kleinere studies. De boodschap die het Chinese onderzoek uitdraagt is echter niet nieuw; de studie is louter een bevestiging van het door talloze gelijksoortige studies verkregen zwaarwegende wetenschappelijke bewijs voor de belangrijke rol van vitaminen en mineralen bij de preventie en behandeling van kanker.

De meeste research in de afgelopen tien tot twintig jaar was, net als de Chinese studie, gericht op de rol van antioxidanten, die het lichaam beschermen tegen de invloed van schadelijke moleculen genaamd vrije radicalen. Deze moleculen ontstaan tijdens de stofwisseling. De cellen in je lichaam maken gebruik van zuurstof om voedsel om te zetten in energie – letterlijk voedsel te 'verbranden', waardoor energie vrijkomt – en om ziekteverwekkers en giftige stoffen onschadelijk te kunnen maken. Zoals de Amerikaanse voedingsspecialist Leo Galland het uitdrukt: 'Dit proces van verbranding creëert kleine vuren in de cellen, en dit vuur geeft "vonken" af die op ongewenste plaatsen brandjes kunnen veroorzaken, waarbij celmembranen en essentiële vetzuren worden vernietigd.' Deze vonken (vrije radicalen) zijn ook afkomstig van vele andere bronnen, zoals ultraviolette straling, schadelijke stoffen in rook, zware metalen, ranzige vetzuren of oververhitte olie. Vrije radicalen houden in het lichaam vreselijk huis door vernietiging van celmembranen, beschadiging van genen, onderdrukking van de natuurlijke afweer van cellen, verharding van bloedvaten en verstoring van het hormonaal evenwicht. Tevens dragen vrije radicalen bij tot de ontwikkeling van suikerziekte en andere systemische aandoeningen, en niet te vergeten kanker.

Inmiddels weten we echter ook dat schade door vrije radicalen kan worden voorkomen en zelfs ongedaan kan worden gemaakt, als het lichaam tenminste beschikt over adequate concentraties van stoffen die op vrije radicalen azen, te weten antioxidanten – die door Galland de brandweertroepen van het lichaam worden genoemd, en die 'de vonken al op afstand kunnen ruiken, nog voordat ze teveel brandjes hebben veroorzaakt'. De zogenaamde troepen bestaan onder meer uit de antioxidant vitaminen A en bètacaroteen, B2 of riboflavine, B3 of niacinamide, C, E en selenium.

Wetenschappelijk bewijs voor de belangrijke rol van antioxidanten bij de preventie van kanker is voortgekomen uit studies over de hele wereld. In 1991 concludeerde dr. G. Block van de *University of California*, Berkeley, in het decembernummer van de *American Journal of Clinical Nutrition*, dat 'bij benadering negentig epidemiologische studies zijn gericht op de rol van vitamine C en voedingsproducten met veel vitamine C bij de preventie van kanker, en de overgrote meerderheid toont statistisch significante beschermende effecten aan…'

Ook al erkent de moderne geneeskunde stilaan dat kanker door middel van voeding en voedingsstoffen kan worden voorkomen, toch zijn artsen minder bereid om deze methoden te gebruiken bij de behandeling van kankerpatiënten. De meeste oncologen zijn zich niet bewust van de indrukwekkende research in de afgelopen tien tot twintig jaar naar de behandeling van kanker met behulp van voedingssupplementen – of zij wijzen dit van de hand. Het *Bristol Cancer Help Centre,* dat aanvullende en alternatieve behandelingen van kanker aanbiedt, heeft een database samengesteld van 3.000 studies naar de rol van voeding en voedingssupplementen bij de behandeling van kanker. Deze research is niet het werk van randorganisaties, maar van gerenommeerde laboratoria en prestigieuze wetenschappers, wier studierapporten zijn verschenen in de belangrijkste medische tijdschriften.

Een groot deel van de beschikbare gegevens komt voort uit proeven met dieren en kunstmatig gekweekte cellen, terwijl het onderzoek bij mensen zich nog in een voorbereidende fase bevindt. Desalniettemin is het veelomvattende onderzoek op zichzelf al reden om je af te vragen waarom de medische professie voedingstherapie blijft afdoen als toevoeging op de 'echte' behandeling, terwijl met conventionele methoden – bestraling, chemotherapie, chirurgie – niet veel vooruitgang is geboekt wat betreft overlevingsstatistieken, die sinds de tijd van onze grootouders geen noemenswaardige stijging vertonen.[33]

Vitamine A

Bijna elke studie naar de relatie tussen voeding en kanker toont aan, dat kankerpatiënten over het algemeen over weinig vitamine A beschikken. Zelfs de anders zo voorzichtig geïnterpreteerde resultaten van de *Nurses Health Study* van *Harvard University,* waar 90.000 vrouwen met borstkanker aan hebben deelgenomen, wijzen op een tekort aan vitamine A.[34]

Het in vet oplosbare bètacaroteen, of vitamine A, is van vitaal belang voor het netvlies van het oog en de ogen zelf, en heeft een beschermende uitwerking op de slijmvliezen van de mond, de neus, keel en longen. Tevens leidt het gebruik van vitamine A tot versterking van het immuunsysteem, waardoor je minder ontvankelijk wordt voor infecties én kanker. De belangrijkste verklaring voor dit beschermende effect is, volgens onderzoekers, de rol van de vitamine bij het behoud van cellen. Uit dierproeven is gebleken dat vitamine A de groei van tumoren, die door toediening van kankerverwekkende chemische stoffen zijn ontstaan, tot stilstand kan brengen.

Vandaag de dag zijn de meeste wetenschappers het erover eens, dat het beschermende effect niet zozeer te danken is aan de vitamine zelf, maar eerder aan bètacaroteen – of pro-vitamine A, dat door het lichaam wordt omgezet in vitamine A. Terwijl het gevaar bestaat van een overdosis vitamine A, dat voorkomt in lever en vis en alleen in vet oplosbaar is, kan een grote hoeveelheid bètacaroteen geen kwaad. Dit in water oplosbare bestanddeel van onder meer wortelen en broccoli, is een buitengewoon belangrijke bron van antioxidanten. Bovendien is bètacaroteen schadelijk en min of meer giftig voor kankercellen, zo hebben dierproeven aangetoond. Onderzoekers van de *Harvard School of Dental Medicine* hebben ontdekt, dat bètacaroteen snel de vermenigvuldiging van in het laboratorium ontwikkelde borst-, mond-, long- en huidkankercellen veranderde.[35]

Van de studies naar het effect van vitamine A bij mensen wijst een aantal uit, dat bètacaroteen en vitamine A het proces waarbij gezonde cellen zich tot kankercellen ontwikkelen, oftewel voorstadia van kanker, kan omkeren. Zo is uit een Canadese studie gebleken, dat mannen uit de Indiase deelstaat Kerala, die door het kauwen op tabak afwijkingen aan het slijmweefsel in de mond hadden, dankzij vitamine A 50% kans hadden dat de aandoening geheel verdween en bijna 100% kans op afname van het aantal abnormale cellen. Met bètacaroteen werden vergelijkbare resultaten behaald. Bovendien werd met deze stoffen de ontwikkeling van nieuwe aandoeningen voorkomen.[36]

Volgens de Amerikaanse auteur Bary Null[37], heeft onderzoek van het *Sloan-Kettering Institute* in Manhattan laten zien, dat een derivaat van vitamine A bij 80% van de proefpersonen met leukemie remissie bewerkstelligde – en dat het beste resultaat werd behaald bij de mensen die ook chemotherapie kregen.

Daarentegen blijkt uit verscheidene studies, inclusief een die is uitgevoerd in Helsinki, Finland[38], dat rokers hun risico van kanker verhogen door regelmatig voedselproducten te eten die bètacaroteen bevatten, of door supplementen van vitamine A in te nemen. De onderzoekers hebben hier echter geen enkele verklaring voor kunnen vinden, het is louter een constatering. Vermoedelijk heeft deze stijging te maken met de invloed van roken op voedingsstoffen. Zo heeft onderzoek uitgewezen, dat iemand die rookt meer vitamine C nodig heeft. Er zouden echter ook andere factoren een rol kunnen spelen. Een groot aantal proefpersonen in deze studies rookte al meer dan 36 jaar, terwijl 18% van hen in kolenmijnen en steengroeven had gewerkt, of in huizen en bedrijven isolatiemateriaal had aangebracht, waarvan bekend is dat het kankerverwekkende stoffen bevat.

Tijdens de vijf tot acht jaar durende studieperioden, werden bij deelnemers 876 nieuwe gevallen van longkanker vastgesteld, terwijl er verhoudingsgewijs nauwelijks enig verschil was tussen de groepen. De enige uitzondering vormde de groep die dagelijks extra bètacaroteen had ingenomen; hier was het aantal mensen met longkanker 18% hoger.[39] Volgens een hypothese onderdrukken supplementen van bètacaroteen het effect van andere kankerbestrijdende stoffen in het lichaam, met name bij iemand die door een inadequaat eetpatroon weinig voedingsstoffen binnenkrijgt. In vergelijking tot supplementen lijken fruit en groente een betere bron van bètacaroteen. Deze theorie heeft meer gewicht gekregen door een experiment van de Amerikaanse voedingsdeskundige dr. Alan Gaby, waarbij twee vrijwilligers 25 milligram bètacaroteen en 25 milligram canthaxanthine – een derivaat van caroteen – innamen. Als deze supplementen tegelijk werden ingenomen, nam de concentratie canthaxanthine in het bloed met 38% af, wat veronderstelt dat bètacaroteen deze stof gedeeltelijk elimineert.[40]

Vitamine C
Naar de rol van vitamine C bij de bestrijding van kanker is meer onderzoek gedaan, dan naar het effect van elke andere voedingsstof. Dit is voor een groot deel te danken aan de bijdragen van onderzoekswetenschapper én tweevoudig Nobelprijswinnaar Linus Pauling, die het positieve effect van vitamine C door middel van vele studies heeft aangetoond.

Dertig jaar geleden achtte de Schotse chirurg dr. Ewan Cameron bewezen dat elke substantie die zorgt voor versteviging van intercellulair cement – het middel dat onze lichaamscellen bijeenhoudt - indirect bewerkstelligt dat de invasie van kwaadaardige kankercellen wordt tegengegaan. Een van die substanties is vitamine C. Door regelmatig fruit te eten of supplementen van vitamine C in te nemen, zorg je ervoor dat cellen worden aangespoord om extra hoeveelheden van een stof te produceren die voorkomt dat het zogenaamde *hyaluronidase,* dat door kankercellen wordt aangemaakt, het cement tussen cellen afbreekt. Vitamine C bevordert ook de synthese van collageen[41], dat essentieel is voor versteviging van intercellulair cement, en het stimuleert de activiteit van cellen die kankercellen kunnen aanvallen en vernietigen.

Behalve een krachtige antioxidant, is vitamine C ook een goed middel ter bevordering van de natuurlijke afweer tegen virale en bacteriële infecties. De meeste studies naar maagkanker en kanker van de slokdarm hebben uitgewezen, dat de voeding van de volwassen patiënten weinig vitamine C bevat.[42] Het Chinees-Amerikaanse onderzoek bij dertigduizend mensen in de Chinese provincie Linxian County heeft echter geen bewijzen voortgebracht van herstel van kankerpatiënten die uitsluitend vitamine C kregen toegediend; het is evenwel mogelijk dat van de toegepaste doses, die veel lager waren dan de door Pauling en andere onderzoekers aanbevolen hoeveelheid, geen meetbaar effect kon worden verwacht. Volgens Canadees onderzoek, waarbij de resultaten van 12 studies naar de invloed van voeding bij borstkanker met elkaar werden vergeleken, kan een vijfde van alle gevallen van borstkanker worden voorkomen door aanpassing van de voeding, met name door extra vitamine C uit fruit of voedingssupplementen.

Hoe vitamine C precies te werk gaat, is tot op heden niet bekend, maar het lijkt erop dat er bij de afweer tegen verschillende vormen van kanker – borstkanker, leverkanker en leukemie – sprake is van chemische reacties. In het geval van oestrogeenafhankelijke borstkanker, zorgt vitamine C voor verlaging van de concentratie van giftige hormonale substanties die door oestrogenen worden aangemaakt. Dit is ontdekt door onderzoekers van het *Linus Pauling Institute* in Californie, die voor hun experimenten muizen met geïmplanteerde borstkankergezwellen hebben gebruikt.[43] Een team van de *University of Texas* in Galveston heeft door middel van proeven met hamsters aangetoond, dat vitamine C de ontwikkeling van door oestrogenen gestimuleerde nierkanker voor vijftig procent kan afremmen.[44] Het Amerikaanse *National Cancer Institute* heeft de effecten van vitamine C op de gezondheid nauwkeurig onder de loep genomen, met name de veronderstelde kankerbestrijdende eigenschappen. Hoewel twee gecontroleerde klinische studies, die door het kankerinstituut werden gesponsord, tot de conclusie hebben geleid, dat vitamine C nauwelijks van invloed is op kanker in een vergevorderd stadium, beschikt het instituut over vele publicaties van epidemiologisch onderzoek die tot optimisme stemmen. Van 46 onderzoeksrapporten bevatten er 33 bewijzen van statistisch belangrijke successen bij de behandeling van kanker van de mond, slokdarm, maag, pancreas, borst, anus, dikke darm en baarmoederhals.

Nadat hij de resultaten van zijn onderzoek had voorgelegd aan tweevoudig Nobelprijswinnaar Linus Pauling, heeft dr. Cameron vitamine C toegediend aan honderd Schotse kankerpatiënten, die door conventionele medici als uitbehandeld werden beschouwd. Deze groep bleef gemiddeld 4 keer langer – 210 dagen – in leven dan patiënten in een vergelijkbare situatie die geen vitamine C kregen.[45] In een andere studie zorgde vitamine C ervoor dat de proefpersonen in vergelijking tot een controlegroep gemiddeld een jaar langer leefden, en dat velen van hen meerdere jaren aan hun leven konden toevoegen.[46] Een latere studie naar het effect van vitamine C op longkankerpatiënten heeft vergelijkbare resultaten opgeleverd.[47]

In combinatie met andere essentiële voedingsstoffen is het effect van vitamine C mogelijk nog groter, zo blijkt uit een in 1990 gepubliceerde studie van dr. Pauling en de Canadese biochemicus en psychiater dr. Abram Hoffer. Hun onderzoek naar de levensduur van kankerpatiënten die een voedingsprogramma volgden, toont aan dat 80% van de groep die dagelijks onder meer extra bètacaroteen en 10 gram vitamine C innam, gemiddeld nog zestien keer langer leefde dan de controlegroep die de strijd tegen kanker na gemiddeld 5,7 maanden verloor. Degenen die het beste op de therapie reageerden, waren vrouwen met borstkanker of kanker van de eierstokken of eileiders.[48]

Vitamine E

Als een antioxidant zorgt vitamine E met name voor het behoud van membranen van de cellen in ons lichaam, soms in combinatie met vitamine C, en in samenwerking met vitamine A, B-complex en selenium. Het voorkomt dat giftige stoffen een relatie aangaan met vetten en zuurstof in cellen, en speelt derhalve een vitale rol in het behoud van de zuiverheid van cellen en hun gebruik van zuurstof. Terwijl vitamine E het immuunsysteem versterkt, worden met name de longen beschermd tegen de schadelijke gevolgen van luchtvervuiling.

Amerikaanse onderzoekers van de universiteit van Boston hebben door middel van dierproeven aangetoond, dat vitamine E kanker in de mond en keel kan voorkomen. Bij hamsters zorgde de vitamine voor galvanisatie van het immuunsysteem, met het gevolg dat cellen die zich ontwikkelden tot kankercellen werden vernietigd.[49] Het grootste gecontroleerde onderzoek bij mensen tot nu toe, uitgevoerd in Italië, heeft uitgewezen dat het risico van maagkanker meer te maken heeft met een tekort aan vitamine E dan met een gebrek aan welke andere voedingsstof dan ook.[50] En onderzoek bij meer dan duizend patiënten in Amerikaanse ziekenhuizen heeft tot de conclusie geleid, dat vitamine E het gevaar van tumoren in mond en keel voor vijftig procent afwendt.[51] Vitamine E heft niet alleen beschermende, maar ook genezende eigenschappen. Van 43 patiënten met voorstadia van mondkanker, die in het *Anderson Cancer Center* in het Texaanse Houston met vitamine E werden behandeld, herstelde bijna de helft en bij een vijfde van deze groep werden na 6 maanden verbeteringen van de celstructuur vastgesteld.[52]

Selenium

Als je regelmatig zeevis, schaal- en schelpdieren eet, krijg je relatief veel selenium binnen, dat in samenwerking met vitamine E bescherming biedt tegen kanker. Dit mineraal voorkomt beschadiging van celmembranen en versterkt de natuurlijke afweer tegen bacteriële en virale infecties. Tevens is het in staat om in het lichaam opgehoopte zware metalen te ontgiften, waardoor je minder ontvankelijk wordt voor allergieën en weerstand opbouwt tegen schadelijke invloeden van buitenaf. Verscheidene studies, zowel bij dieren als bij mensen, wijzen uit dat selenium de ontwikkeling van kanker van de darmen, de lever, de baarmoederhals en de borsten kan verhinderen.

Onderzoek in Finland, bijvoorbeeld, laat zien dat het seleniumgehalte in bloed aanzienlijk lager was bij mannen die na verloop van tijd maagkanker kregen.[53] Dierproeven, op instigatie van de *American Health Foundation*, hebben uitgewezen dat selenium de ontwikkeling van darm- en borstkanker kan verhinderen bij ratten.[54] En een Indiaas onderzoeksteam van de Nehru University in New Delhi heeft ontdekt dat de incidentie van baarmoederhalskanker bij muizen halveerde door toevoeging van selenium aan hun drinkwater.

Essentiële vetzuren
Vanwege de bijzondere aandacht van onderzoekers voor antioxidanten, dreigt de rol van essentiële vetzuren bij de bescherming en behandeling van kanker en het instandhouden van een goed functionerend immuunsysteem over het hoofd te worden gezien.

Vetten kunnen we, algemeen gesproken, verdelen in verzadigde en meervoudig onverzadigde vetzuren. Er zijn twee typen essentiële vetzuren – essentieel, omdat het lichaam deze vetzuren nodig heeft, maar niet zelf kan aanmaken: omega-6 linolzuur en gamma-linolzuur vormen samen de ene soort – een bestanddeel van onder meer sleutelbloemolie - en de andere bestaat uit een verzameling omega-3 alpha linolzuren - die voorkomen in vis en lijnzaadolie. Globaal gezien, worden deze vetzuren omgezet in een hormoonachtige substantie genaamd prostaglandine, die de activiteit van witte bloedcellen in het immuunsysteem reguleert. Het is echter niet bekend hoe de vernietiging van kankercellen precies in zijn werk gaat. Vermoedelijk speelt het vermogen van vetzuren om zich aan proteïne te binden een belangrijke rol, omdat ze zo vergiftiging door kankercellen tegen zouden kunnen gaan.[55] Het meest belangwekkend van alle studies naar vetzuren is het onderzoek naar de manier waarop alle antioxidanten samenwerken. De eerder genoemde Chinees-Amerikaanse studie, waarbij slechts de proefpersonen die de grootste hoeveelheid antioxidanten hadden ingenomen gemiddeld langer in leven bleven, doet vermoeden dat voedingsstoffen met een antioxiderende werking kunnen rekenen op interactie, voor het bereiken van het beste eindresultaat.

Hoewel veel van het experimentele en klinische bewijs indrukwekkend is, zijn de studies naar het effect van voedingstoffen bij de behandeling van kanker over het algemeen klein of leveren onvoldoende bewijs. Zo heeft begeleidend onderzoek in de Chinese provincie Linxian County, waarbij het effect van vitaminen bij 3000 mensen met slokdarmkanker werd bestudeerd, geen verschillen aangetoond tussen degenen die 26 verschillende vitaminen innamen en de groep die dacht dat ze vitaminen slikte, en in werkelijkheid een placebo kreeg. Ook hier geldt, dat er megadosering nodig zou kunnen zijn om invloed op kanker uit te kunnen oefenen; de studiegroep kreeg 2 tot 3 keer de hoeveelheid die wordt aangeraden voor algemeen gebruik. Terwijl epidemiologische studies keer op keer aantonen, dat mensen die veel verse groente en fruit eten hun risico op kanker verminderen en zelfs halveren[56], valt er nog veel te leren over de dosering van vitaminen die nodig is om ons te genezen als we onverhoopt toch kanker krijgen.

Groene groentBehalve de hierboven besproken voedingsstoffen, kunnen vele andere bestanddelen van voeding bescherming bieden tegen kanker. Onderzoekers van de *John Hopkins University* in Baltimore hebben ontdekt dat onder meer broccoli, spruitjes, bloemkool en tuinkers een chemische stof bevatten die schadelijk is voor kankercellen.

Andere behandelingen
Homeopathie
Agressieve behandelmethoden van kanker, zoals chemotherapie, kunnen diverse lichamelijke reacties tot gevolg hebben. Homeopathie is tot nu toe het meest van nut gebleken voor het bestrijden van deze symptomen, door middel van individuele behandelingen[57], met name in geval van leukemie.[58] Tevens hebben homeopaten ontdekt dat het evenwicht van ionen – elektrisch geladen atomen – dat de basis vormt voor celdifferentiatie, is verstoord.

Zij hebben getracht dit evenwicht te herstellen door middel van kleine hoeveelheden biochemische zouten. Kalium (30x), kalk (30x) en ijzer (30x), bleken in laboratoriumtesten een negatief effect op tumoren uit te oefenen. Van twintig vrouwen met baarmoederhalskanker, die deze drie stoffen en kiezelzuur kregen toegediend, hadden er drie een opmerkelijke regressie van de kanker en zeven een matige regressie.[59] Andere studies hebben uitgewezen dat een homeopathisch extract met de naam Ukrain – afkomstig van Chelidonium – in laboratoriumproeven een destructief effect heeft op de celbekleding van tumoren.[60]

Kruiden
In de strijd tegen kanker spelen kruiden al eeuwenlang een belangrijke rol. Bewijzen voor hun effectiviteit stapelen zich nog steeds op, evenals nieuwe hypothesen. Zo zou het feit dat Japan het hoogste percentage rokers in de wereld heeft, maar ook het laagste percentage longkanker, volgens sommige onderzoekers verklaard kunnen worden door het veelvuldig gebruik van groene thee. Deze thee bevat epicallocatechin gallate, theophylline, tannic acid en andere polyphenols, waarvan is aangetoond, dat ze de ongeremde groei van kankercellen kunnen verhinderen.[61]

In 1975 berichtte de nieuwsbrief van het Amerikaanse *National Cancer Institute*, dat van een aantal derivaten van marihuana (Cannabis sativa) duidelijk was aangetoond, dat ze zowel de ontwikkeling van kanker in de longen als vergroting van de milt vertragen bij muizen met leukemie. De levensduur werd gemiddeld met 36% verlengd.[62]

Echinacea, dat vooral bekend is als homeopathisch middel, en zich al lange tijd als versterkend middel voor het immuunsysteem bewijst, biedt zo indirect bescherming tegen kanker. Van (Z)-1,8-pentadecadiene, een in vet oplosbare component van *E angustifolia* en *E pallida*, is in laboratoria aangetoond, dat het significante kankerbestrijdende eigenschappen heeft.[63]

Bepaalde delen van zuring (Rheum palmatum) en Indiase rabarber (Rheum rhaponticum) bevatten *rheine, catechine* en *aloë emodin*, allemaal stoffen die aantoonbaar bescherming bieden tegen kanker.[64] Onderzoekers van de Amerikaanse *University of Virginia* in Charlottesville hebben bekend gemaakt, dat aloe emodin, dat ook voorkomt in de zaden en schors van een struik met de naam *Alder Buckthorn* (Rhamnus frangula), een 'significante anti-leukemische activiteit bij muizen' heeft laten zien.[65]

De wortel van kliskruid (Arctium lappa), die in gemalen vorm voorkomt in zowel de kruidenpreparaten die door William Hoxsey (zie pagina 123) worden gebruikt als in Essiac, heeft aantoonbare kankerbestrijdende eigenschappen.[66] In 1984 hebben Japanse onderzoekers van de *Kawasaki Medical School* op Hondo Island een bestanddeel van kliskruid geïsoleerd, dat mutatie van cellen tegengaat, en resistent is tegen warmte en enzymen die zich met proteïne voeden. 'Burdock factor', zoals het door de onderzoekers wordt genoemd, blijkt een scala van substanties, waarvan bekend is dat ze van invloed zijn op het ontstaan van kanker, vrijwel onschadelijk te maken.[67] Een ander belangrijk bestanddeel van kliskruid is beensaldehyde. Dit komt ook voor in Laetrile, of vitamine B17, en wordt voornamelijk gewonnen uit de pitten van pruimen, abrikozen, perziken en uit bittere amandelen.

In 1985 hebben dr. M. Kochi en collega's inoperabele kankerpatiënten met beensaldehyde behandeld. Terwijl de algemene response 55% bedroeg, nam het aantal kankercellen bij zeven patiënten tot een controleerbaar niveau af, vond bij 29 patiënten een gedeeltelijke vermindering van het aantal kankercellen plaats en was er bij 24 patiënten geen sprake meer van verdere progressie van de ziekte.[68] Deze resultaten zijn ook voortgekomen uit een andere studie, waarbij de algemene response nog hoger was, te weten 58,3%.[69] Beide studies hebben tot de conclusie geleid, dat beensaldehyde een destructieve invloed uitoefent op kankercellen, zonder dat er vergiftigingsverschijnselen optreden. Een Noors onderzoek heeft uitgewezen, dat beensaldehyde kwaadaardige cellen in normale cellen kan transformeren.[70]

Het kruid *Astragalus oxyphysus* bevat het *alkaloïde swainsonine*, dat de milt blijkt te helpen om de verspreiding van kankercellen naar andere delen van het lichaam te stoppen. Dierproeven, uitgevoerd in het Amerikaanse *Howard University Cancer Centre*, laten zien, dat het kruid uitzaaiing van melanomen kan verhinderen.[71] Toevoeging aan het drinkwater van muizen, leidde binnen een dag tot inactivering van ruim 80% van de tumoren in de longen van de dieren. Vermoedelijk is dit te danken aan versterking van de cellen in het lichaam die van nature kankercellen kunnen aanvallen en vernietigen. *Swainsonine* blijkt ook de groei van cellen in melanomen bij mensen af te remmen.[72] In haar nieuwsbrief heeft het *National Cancer Institute* geconcludeerd, dat *swainsonine* elke soort kanker kan inactiveren.[73]

Iscador

Iscador is de door Weleda geregistreerde merknaam van een extract van onder meer Europese mistletoe, een semi-parasiterende plant. Dit in de jaren twintig bij Rudolf Steiner favoriete kankerbestrijdend middel wordt vaak gebruikt om een tumor te laten krimpen, zowel voor als na een chirurgische ingreep of radiotherapie. Het kan ook op zichzelf worden gebruikt, als injectie, om patiënten met baarmoederhals-, eierstok-, borst-, long-, maag- en darmkanker te behandelen.

Mistletoe bevat verscheidene chemicaliën die effectief zijn gebleken tegen kanker en die het immuunsysteem versterken. Zo lijkt een enzym de reproductie van cellen tegen te werken. In tegenstelling tot chemotherapie, waarbij zowel de goede als de slechte cellen worden gedood, stimuleert mistletoe de witte bloedcellen die van nature kankerbestrijdende eigenschappen hebben en de kankercellen selectief onschadelijk maken.

Uit een onderzoek van het *Lucas Clinic Laboratory of Immunology* in Arlesheim, Zwitserland, blijkt dat een enkele injectie van Iscador bij 20 patiënten met borstkanker tot een aanzienlijke toename leidt van zowel kankerbestrijdende reacties van het immuunsysteem als negatieve effecten op de reproductie van kankercellen.[74]

Van 25 vrouwen met beginnende eierstokkanker die na een operatieve ingreep Iscador kregen toegediend, waren alle vrouwen met stadium I en II en een kwart van degenen met stadium III (geen van stage IV) na 5 jaar nog in leven. Zij werden vergeleken met patiënten met dezelfde vorm van kanker die Cytoval, een ander kruidenpreparaat, kregen. Hoewel de gebruiksters van Iscador een slechtere prognose hadden - twintig vrouwen hadden stadium III en IV, leefden zij gemiddeld 3 keer langer (16.2 maanden) dan de vrouwen die Cytoval kregen.[75] Voor Iscador geldt echter de waarschuwing dat het middel ernstige bijwerkingen kan hebben als je er teveel van neemt. Zowel de bladeren als de bessen van mistletoe kunnen giftig zijn. Probeer daarom nooit om zelf een extract van mistletoe te maken.

Hoxsey's kruiden

Het kruidenpreparaat van Harry Hoxsey, een ex-mijnwerker, is een gouden formule die generaties lang van vader op zoon is overgedragen. In 1840 zag zijn overgrootvader hoe een paard met kanker zichzelf genas door medicinale kruiden te eten. Daarop verzamelde hij in totaal 9 verschillende kruiden: zoethout, rode klaver, stekelige es, schors van berberis en Californische *Cascara sagrada* – een soort berk, wegedoorn en wortel van kliskruid en *stillingia*. Behalve uit een preparaat van deze kruiden, bestaat de therapie die Harry Hoxsey heeft ontwikkeld, uit een speciaal dieet en supplementen van vitaminen en voedingstoffen die het immuunsysteem versterken.

In 1955 was Hoxsey's kliniek in Dallas, met meer dan 12.000 patiënten, 's werelds grootste privé-kliniek voor de behandeling van kanker. De selfmade therapeut werd regelmatig gearresteerd, omdat hij patiënten behandelde zonder dat hij daarvoor een vergunning had. In 1960 werden zijn klinieken op last van de Amerikaanse overheid gesloten. Hij stierf in 1974. Vandaag de dag zet zijn voormalige hoofdverpleegster zijn werk voort in het *Bio-Medical Center* in Tijuana, Mexico.

De *American Medical Association* noemde Hoxsey een gevaarlijke kwakzalver, maar weigerde zijn kruidenpreparaten aan wetenschappelijke normen te toetsen. In twee rechtszittingen is de therapeutische waarde van Hoxsey's formule echter met succes verdedigd, en een uit 1953 daterend federaal rapport aan het Amerikaanse congres bevestigde dat de aantijgingen tegen Hoxsey getuigen van een samenzwering van de *American Medical Association, National Cancer Institute* en *Food and Drug Administration*, om een officiële beoordeling van zijn therapie te ondermijnen. De *American Medical Assiociation* heeft later toegegeven dat Hoxsey's behandelmethoden verdienstelijk waren. Schors van berberis, stekelige es en *stillingia* hebben bewezen kankerbestrijdende eigenschappen, hoewel dit alleen door middel van dierproeven is aangetoond.[76]

Chinese kruiden

Chinese geneeskundigen gebruiken het kruid *Epidemiia glycoside icariine* (ICA), dat zowel bij kankerpatiënten als gezonde proefpersonen tot vermeerdering van cellen met kankerbestrijdende eigenschappen blijkt te leiden, evenals activering van *lymphokine-activated killer cells* (LAK) en toename van de productie van TNF.[77]

Van een ander kruid, *Sho-saiko-to* (TJ-9), is in laboratoria aangetoond dat het een negatief effect heeft op tumoren. Tevens blijkt het leverkanker te voorkomen bij patiënten met levercirrhose.[78] Korreltjes met het extract *Ninjin Yoh eito* hebben laten zien dat ze de kwaliteit van leven verbeteren van longkankerpatiënten die chemotherapie hebben ondergaan.[79] Andere Chinese kruiden met goede klinische resultaten zijn *Actinidia, Baohuoside-1, Mylabris, Liu Wei Di Huang* of *Jin Gui Shen Qi* en *Buzhong Yiqi*.[80]

Verhalen van mensen die kanker overleven

Dicht bij huis

De inmiddels 82-jarige moeder van Bryan Hubbard, met wie ik mijn leven deel, dankt haar leven aan dr. Patrick Kingsley uit Leicestershire in Engeland. Dit is haar verhaal.

Op een zondag in maart, inmiddels al weer zeven jaar geleden, vertelde de vader van Bryan hem in vertrouwen dat zijn moeder de volgende dag een afspraak had met de plaatselijke dokter. Ze had een knobbel in een van haar borsten. Toen zijn vader de volgende avond belde, had hij schokkend nieuws. Het gezwel in de borst was kwaadaardig, en, erger nog, in een dermate vergevorderd stadium dat het te laat was voor chemotherapie of enige andere behandeling. Bryans moeder bleek al anderhalf jaar van het bestaan van het gezwel te weten, maar had dit voor zichzelf ontkend en er met niemand over gesproken. Wat aanvankelijk een klein knobbeltje was, had zich inmiddels tot een open zweer ontwikkeld. De arts schreef *tamoxifen* voor, evenals morfine, om de pijn te bestrijden.

Het effect van de morfine was zo krachtig, dat mijn schoonmoeder op straat ineenzakte, en thuis aangekomen opnieuw bezweek. We spraken hierover met de dokter, die meende dat dit een direct gevolg was van de kanker. Hij probeerde ons voor te bereiden op haar dood, die volgens zijn schatting binnen drie maanden zou optreden.

Voor Bryan was het echter duidelijk dat de morfine, en niet de kanker, de reden was dat zijn moeder instortte. Hij stelde voor dat ze met de morfine zou stoppen, en dat deed ze ook. Bryan was bekend met het bekend met het werk van dr. Patrick Kingsley, die met name bij patiënten met multiple sclerose opmerkelijke resultaten heeft behaald. Maar zou hij ook in staat zijn om mensen met terminale kanker te helpen?

Dr. Kingsley was er zo van overtuigd dat hij iets voor haar kon betekenen, dat de familie in staat was om zijn vertrouwen over te dragen op Bryans moeder, die er vanaf het begin onvoorwaardelijk in geloofde dat dr. Kingsley haar beter kon en zou maken. Niets kon haar daar meer van afbrengen, ook al moet zijn behandeling een ervaring zijn geweest die ze zich niet had kunnen voorstellen.

Zijn eerste zorg was haar voeding. Na een bloedtest, zette hij haar onmiddellijk op een streng dieet. Dit hield in dat zij vele soorten voedsel en drank – zuivelproducten, tarwe en dergelijke – die het overgrote deel van haar dagelijkse voeding vormden, diende te mijden. De behandeling die volgde leek al even bizar. Dr. Kingsley gelooft dat kanker behandeld kan worden genezen door toediening van hoge doses vitamine C en andere antioxidanten. Hieraan werden hoge doses intraveneuze waterstofperoxide toegevoegd; zuurstof is dodelijk wanneer het direct in de bloedstroom wordt geïnjecteerd, maar schijnbaar veilig als het met behulp van deze methode wordt gegeven.

Het dieet is ook van vitaal belang bij de behandeling. Dr. Kingsley houdt vol dat veel mensen allergisch reageren op vele bestanddelen van alledaagse voeding, waardoor ziekte kan ontstaan en de natuurlijke afweer van het lichaam wordt ondermijnd.

Gedurende de eerste maand ongeveer, reisde Bryans moeder twee keer per week af naar de praktijk van dr. Kingsley in en klein dorpje genaamd Osgathorpe, voor intraveneuze toediening van haar medicatie.

Zij begon er onmiddellijk beter uit te zien, vermoedelijk dankzij de combinatie van medicijnen en het vermijden van voedsel waar zij blijkbaar allergisch op reageerde. Maar zou zij daadwerkelijk genezen kunnen worden? Dit is een vraag die dr. Kingsley nooit in de verleiding bracht om er een antwoord op te geven. Wij dachten echter te weten dat de kanker, ook al werd die kleiner, altijd op de achtergrond zou blijven, en dat een patiënt nooit echt helemaal geneest, zo leek het tenminste.

Genezing of niet, de moeder van Bryan ging in ieder geval met sprongen vooruit. Binnen drie maanden, bezocht zij dr. Kingsley nog maar en keer per week, en kwam in plaats van elke dag, wekelijks een verpleegster langs om haar wonden schoon te maken. Als aanvulling op de intraveneuze behandeling begon ze vitaminen in poedervorm in te nemen.

De kankergezwellen verdwenen snel, de zweren genazen – op een na – volledig, en tenslotte bezocht zij dr. Kingsley nog slechts een keer in de zes weken. De dokter die het doodsvonnis had geveld, vroeg haar of hij de borst mocht zien. Zijn blik was het waard om te koesteren, zei Bryans moeder achteraf. Volgens de dokter had hij een dergelijk herstel nog niet eerder gezien.

Hoewel vrouwen worden aangespoord om hulp te zoeken zodra ze een knobbeltje in hun borst ontdekken, was het in het geval van Bryans moeder een geluk bij een ongeluk dat zij zo lang had gewacht. Waarschijnlijk had zij uitsluitend omwille van het feit dat de moderne geneeskunde haar had opgegeven ingestemd met de onconventionele behandeling van dr. Kingsley. In zekere zin is mevrouw Hubbard een uitzondering, omdat ze een van de weinige patiënten is die uitsluitend door aanpassing van de voeding is genezen, zonder orthodoxe interventie – en zonder operatie, verbranding of vergiftiging van haar toch al zo zwakke lichaam. Even bepalend kan het onwankelbare geloof en vertrouwen in haar dokter zijn geweest. Dit had veel te maken met de manier waarop dr. Kingsley haar benaderde toen hij haar voor het eerst zag, zijn weigering om door kanker te worden ontmoedigd of blijk te geven van enige twijfel. Zijn vertrouwen heeft haar hoop gegeven, en hoop redt haar leven.

Een andere essentiële factor was zijn rotsvaste weigering om het meest waarschijnlijke verloop van haar ziekte te beschrijven – om een oordeel te geven over hoe lang de ziekte zou kunnen aanslepen of hoe lang ze nog zou hebben te leven. Slechts een enkele dokter beschikt over zoveel deemoed, dat hij zich realiseert, dat geen enkele wetenschapper, hoe geleerd hij ook mag zijn, kan voorspellen hoe een bepaalde patiënt zal reageren op de uitdaging die ziekte en genezing vormen, of met zekerheid zeggen wie zal blijven leven en wie zal sterven.

Een opmerkelijke response
George Lewith, homeopaat, acupuncturist, voedingsdeskundige en kruidenspecialist, die verbonden is aan de University of Southhampton en tevens in Londen werkt, kreeg in februari 1996 bezoek van een man, bij wie in het ziekenhuis een duidelijke diagnose van kanker van de pancreas – een van de dodelijkste vormen van kanker – was gesteld.

Zes weken eerder, vlak voor Kerstmis, was de man naar zijn huisarts gegaan, vanwege vermoeidheidsklachten en gewichtsverlies. Onderzoek duidde op een gezwel, vermoedelijk een tumor in het bovenste gedeelte van zijn onderbuik en er werd een voorlopige diagnose van kanker gesteld. Een echoscopie suggereerde zowel afwijkingen aan de lever als aan het buikvlies, en dit werd bevestigd door middel van een kijkoperatie, waarbij stukjes weefsel werden verwijderd voor microscopisch onderzoek en de aard van de tumor werd gedefinieerd als adenocarcinoom.

De prognose voor deze specifieke conditie is slecht. Naar verwachting zullen de meeste patiënten nog meer gewicht verliezen, terwijl de tumor ongeremd blijft groeien, hetgeen gepaard gaat met onder meer misselijkheid en pijn in de onderbuik. Tevens kan de tumor de gang van verteerd voedsel door de darmen gaan blokkeren.

Vanwege de snelheid waarmee de tumor na de kijkoperatie groeide, was een operatie voor deze patiënt nauwelijks een optie. Na overleg met zijn huisarts en oncoloog, besloot hij dat hij de behandeling, die ofwel uit medicatie of uit radiotherapie bestond, niet wilde ondergaan. Gezien de kans op ernstige fysieke consequenties en het feit dat er weinig bewijs is voor de effectiviteit van de behandeling bij deze vorm van kanker, zag hij er maar liever van af.

Hij klopte bij dr. Lewith aan, om het gebruik van aanvullende medische technieken voor zijn probleem te bespreken. De dokter stelde een vierstappenplan voor. De eerste bestond uit advies over optimale voeding. De patiënt werd op een dieet gezet van natuurvoeding en vers organisch voedsel, dat weinig dierlijke vetten en geprepareerde, kant en klare producten bevatte. Tevens kreeg hij hoge doses voedingssupplementen, in het bijzonder vitamine C, zink, selenium en vitamine B complex.

Tegelijkertijd verschafte de arts hem een aantal homeopathische preparaten, waarvan enkele werden geïnjecteerd en andere oraal ingenomen dienden te worden. De orale medicatie bestond uit substanties die met name van invloed waren op de lever en de pancreas. Ook kreeg hij doses haaienkraakbeen. Het injecteerbare preparaat Iscador, werd in steeds hogere concentraties toegediend, totdat op basis van de klinische respons gedurende drie maanden de juiste dosering voor langdurig gebruik was vastgesteld. Tenslotte nam de patiënt dagelijks visoliecapsules in.

Tot grote verrassing van de huisarts van de patiënt, zijn klinische oncoloog – en zijn homeopaat – is het herstel van de patiënt, sinds het begin van de behandeling van dr. Lewith, niet gestagneerd. In acht maanden tijd is hij ruim zes kilo aangekomen. En bij onderzoek is gebleken dat zijn tumor beduidend kleiner is geworden. Hoewel aanvankelijk werd voorspeld, dat hij nog drie tot zes maanden had te leven, maakt hij het nu in alle opzichten goed.

5 Advies

Wat doe je als je kanker hebt?

- Als je van plan bent om reguliere medicijnen te gaan gebruiken, ga dan op zoek naar een ervaren chirurg die jouw mening respecteert en je als een gelijke behandelt bij het nemen van beslissingen ten aanzien van de behandeling.

- Dring aan op de meest behoudende chirurgie die mogelijk is; voor vrouwen die ouder zijn dan 60 jaar en borstkanker hebben, is het van belang om na te gaan of het mogelijk is om uitsluitend een medicijn als *Tamoxifen* te gebruiken.

- Als je *Tamoxifen* inneemt, laat dan regelmatig je ogen, lever en baarmoeder onderzoeken, en vermijd indien mogelijk andere medicatie en bestraling. Bedenk wel dat studies naar het effect van *Tamoxifen* tot nu toe niet hebben aangetoond dat het medicijn ook werkt bij vrouwen die nog niet in de overgang zijn geweest.

- Aarzel niet om het beste van zowel de reguliere als alternatieve geneeskunde te gebruiken en verschillende geneeswijzen te combineren. Neem voor informatie over de voor- en nadelen van specifieke behandelingen contact op met patiëntenverenigingen; mensen die aan den lijve hebben ondervonden wat een behandeling inhoudt, kunnen je beter dan ieder ander vertellen wat je te wachten staat.

- Lees de boeken van Bernie Siegel en Louise Hay. Hoewel je zou denken dat dr. Siegel er als chirurg conventionele opvattingen op nahoudt, heeft hij juist een verfrissende kijk op zijn vak. Zo is hij ervan overtuigd, dat de geest het lichaam kan helpen om te genezen. Hij moedigt patiënten die een operatie hebben ondergaan of chemotherapie krijgen aan om ook alternatieve therapieën te volgen, en benadrukt daarbij het belang van voeding, ontspanning en visualisatie. Louise Hay gaat er eveneens vanuit dat kanker het beste kan worden bestreden door versterking van zowel lichaam als geest.

- Wees geen brave en volgzame patiënt. Vele studies tonen aan, dat patiënten die voor hun rechten opkomen en slechte prognoses weigeren te accepteren, langer leven dan patiënten die de orders van hun dokter lijdzaam opvolgen. Accepteer in geen geval een doodvonnis.

Dieetwijzer voor kankerpatiënten
Als je kanker hebt, en je wilt de ziekte, in plaats of tegelijk met andere behandelingen, door middel van voeding bestrijden, kun je de volgende stappen ondernemen – onder voorbehoud, dat je sterk in het positieve effect van deze methode gelooft:

- Zoek een arts die veel ervaring heeft met kankerbehandeling door middel van voedingsaanpassingen, als op zichzelf staande therapie of in combinatie met andere behandelingen. Ga na hoe succesvol hij hierin is, en wat het overlevingspercentage van zijn patiënten is.
- top met roken, alcoholgebruik en het drinken van koffie en frisdrank die cafeïne bevat.
- Drink bronwater in plaats van water uit de kraan, en eet bij voorkeur natuurvoeding, met name hele graankorrels, peulvruchten, groenten en fruit. En neem uitsluitend wit vlees, zoals kip en kalkoen, en vis.
- Gebruik koud geperste olie van de beste kwaliteit. Om te bakken kun je pure olijfolie gebruiken, en zonnebloemolie voor salades. Vermijd margarine; gebruik liever een klein beetje boter.
- Neem hoge doses voedingssupplementen, bij voorkeur in overleg met een voedingsdeskundige.

Algemene richtlijnen voor behandeling of preventie van kanker:

Vitamine A	10.000 ie
Bètacaroteen	25.000 ie
Vitamine B complex	50-100 mg
Vitamine C	3-10 g
Vitamine E	600-800 mcg
Selenium	100-200 mcg
Omega-3-vetzuren	1-2 visolie- of lijnzaadcapsules of één eetlepel lijnzaadolie per dag

- De patiënten die het meest succesvol zijn in hun strijd tegen kanker, combineren een dieet en voedingssupplementen met het gebruik van substanties met kankerbestrijdende eigenschappen – in plaats van op zoek te gaan naar een of ander wondermiddel. Onderzoek heeft uitgewezen, dat patiënten met alvleesklierkanker, die over het algemeen van een arts horen dat ze nog vier maanden te leven hebben, dankzij een combinatie van behandelingen – vitamine A en E, enzymtherapie, hyperthermie, Tamoxifen, maretak, tijmextract, en andere stoffen om het natuurlijk afweersysteem te stimuleren – gemiddeld drie keer langer leefden dan verwacht. Bovendien verbeterde de kwaliteit van hun leven, onder meer door verlichting van pijn, een grotere eetlust en gewichtstoename.[1]
- Volg een dieet dat bestaat uit vezelrijke, vet- en proteïnearme producten, maar wel veel donkergroene en gele bladgroente bevat.[2] Door minder vet te eten, zorg je ervoor dat het immuunsysteem beter werkt en wordt de activiteit van cellen in je lichaam die kankercellen aanvallen en vernietigen gestimuleerd, waardoor verspreiding van kankercellen in het lichaam kan worden voorkomen.[3]
- Vermijd gefrituurd voedsel en eet weinig eieren, evenals gerookte, gezouten en gepekelde producten. Beperk tevens het gebruik van suiker en voeg niet teveel zout aan eten toe. Van vegetarische voeding blijkt een beschermende werking uit te gaan, evenals van sojaproducten. Ook het voedingsprogramma van dr. William Kelly, dat bestaat uit tien verschillende diëten voor uiteenlopende aandoeningen, is ook bevorderlijk voor herstel gebleken.
- Sommige therapeuten bevelen een extract van tijm aan voor versterking van de natuurlijke afweer. Van bepaalde vetzuren, zoals Omega-3 en Omega-6, is aangetoond, dat ze kankercellen kunnen doden. Voor mineralen geldt, dat een overmaat aan calcium in verband is gebracht met de ontwikkeling van kanker.[4] Dit geldt ook voor hoge doses ijzer.[5] Bij adequate hoeveelheden gaat van beide mineralen echter een beschermende werking uit. Selenium, magnesium, jodium en zink bestrijden allemaal kanker. Germanium, een ander mineraal, blijkt de productie van interferon door het lichaam te verhogen.[6]

- Drink liever hard in plaats van zacht water[7] en vermijd chloor en fluoride, aangezien beide stoffen kankerverwekkend zijn.
- Overweeg het gebruik van substanties die kanker kunnen onderdrukken, ook al hebben ze feitelijk geen geneeskrachtige eigenschappen. In combinatie met kankerbestrijdende stoffen, zorgen ze voor een nog beter resultaat. Dit zijn onder meer:

Melatonine
Melatonine kan het kankerbestrijdende effect van een verscheidenheid aan stoffen vergroten. In een onderzoek waren patiënten, die door artsen waren opgegeven omdat de kanker zich bij hen had uitgezaaid en conventionele methoden geen effect hadden, een jaar na het doodsvonnis nog in leven dankzij het gebruik van melatonine en interleukin-2, twee middelen ter versterking van het immuunsysteem. Van de 48 patiënten die er even slecht aan toe waren, maar slechts verzorging kregen, waren er na een jaar nog slechts acht in leven.[8] Vergelijkbare resultaten zijn bereikt bij patiënten met hersentumoren die uitsluitend melatonine kregen.[9] Dit geldt eveneens voor mensen met maagkanker[10] en longkanker.[11]

Runderkraakbeen
In vergelijking tot haaienkraakbeen, lijkt het kraakbeen van runderen – dat eveneens rijk is aan calcium, de meest gunstige invloed uit te oefenen op de gezondheid. Onderzoek bij 31 terminale kankerpatiënten heeft uitgewezen, dat runderkraakbeen bij 35% van hen bevorderlijk was voor herstel.[12]

Therapieën voor lichaam en geest
Ontspanningstechnieken, meditatie, visualisatie, regelmatige lichaamsoefeningen bevorderen zowel de fysieke als de mentale conditie.

De natuurlijke manier om prostaatkanker te voorkomen
De Amerikaanse *National Academy of Sciences* schat, dat 40% van alle vormen van kanker bij mannen, in het bijzonder prostaatkanker, deels het gevolg is van inadequate voeding.

- Een vezelrijk dieet, dat weinig vet en meerdere koolhydraten bevat, en waarbij het gebruik van alcohol wordt vermeden, draagt bij tot verlaging van het risico van prostaatkanker.
- De hoeveelheid vet in voeding is, zo toont onderzoek keer op keer aan, meer dan elke ander bestanddeel van voeding, bepalend voor het risico van kanker. De gezondheid wordt met name schade toegebracht door verzadigde vetzuren. Onderzoek bij vijf etnische groepen – Chinezen, Japanners, Filippino's, Kaukasiërs en Hawaïanen – heeft uitgewezen, dat reductie van het vetgehalte in voeding tot vermindering van het risico van prostaatkanker leidt.[13]
- Eet sojaproducten. Onderzoek heeft namelijk aangetoond, dat de lage sterfte aan prostaatkanker in Japan en een aantal andere Aziatische landen[14], niet alleen samenhangt met het feit dat de voeding in deze contreien weinig vet bevat, maar ook met de consumptie van sojaproducten, die rijk zijn aan isoflavanoide. Deze stof verhindert de ontwikkeling van prostaatkanker.[15]
- Eet meer vezelrijke producten. Onderzoek bij mannelijke Zevende Dag Adventisten, die op religieuze gronden veel bonen, linzen, erwten en enkele gedroogde vruchten eten, heeft uitgewezen dat vezels – met name houtachtige en in water oplosbare vezels, zoals cellulose – verbindingen aangaan met oestrogenen en testosteron. Hierdoor neemt het hormoongehalte in het bloed af, en daarmee ook de kans op de ontwikkeling van prostaatkanker.[16]
- Eet geen kant en klare producten die oestrogenen bevatten. Een in het *Journal of Endocrinology* gepubliceerd onderzoek[17] suggereert, dat als je vanaf de geboorte voeding – inclusief koeienmelk – krijgt die synthetische oestrogenen bevat, het aantal spermacellen, evenals de kwaliteit van sperma, drastisch kan verminderen. Deze hormonen worden in verband gebracht met een verdubbeling van het aantal gevallen van teelbalkanker in Westerse landen.
- Eet voedsel dat rijk is aan zink en overweeg het gebruik van supplementen. Een gezonde prostaat bevat meer zink dan elk ander orgaan, omdat deze stof noodzakelijk is voor de aanmaak van mannelijke geslachtshormonen. Zink biedt bescherming tegen de giftige effecten van het metaal cadmium, dat zelfs bij lage concentraties

de oorzaak kan zijn van prostaatvergroting. Naarmate je meer cadmium in je lichaam hebt, is het gevaar van prostaat- en longkanker groter.[18] In vergelijking tot andere groepen, hebben mannen met de meest kwaadaardige vormen van prostaatkanker de hoogste niveaus cadmium en het laagste zinkgehalte in hun bloed. Onderzoek heeft aangetoond dat zinksupplementen verkleining van de prostaat bewerkstelligen en aanverwante symptomen bestrijden. Daarom wordt een dagelijkse dosis van vijftien milligram zink aanbevolen, als aanvulling op het dieet.

• Ga na of je voeding voldoende essentiële vetzuren bevat, in het bijzonder de omega-6 linolzuren, die voorkomen in sleutelbloemolie. Linolzuur biedt in grote mate bescherming tegen de vorming van kankercellen in de prostaat.19

• Overweeg plantenextracten van stuifmeel en palmzaagsel. Van beiden is aangetoond, dat zij de symptomen van een goedaardige prostaatvergroting bestrijden en de prostaat tot redelijk normale proporties terugbrengen.

De zon

In plaats van zonnebrandcrème, dat in verband wordt gebracht met, mogelijk kwaadaardige, huidaandoeningen, kun je natuurproducten gebruiken om je huid tegen verbranding van de zon te beschermen. Vitamine A en pro-vitamine A – caroteen, dat planten beschermt tegen beschadiging door ultraviolet licht – zorgen voor protectie van binnenuit. Verondersteld wordt, dat deze stoffen lichtstralen reflecteren en lichtenergie omzetten in chemische energie, net zoals ze bij planten doen. Tevens bieden ze bescherming tegen de schadelijke invloed van vrije radicalen en ultraviolette straling en 'verdrijven' ultraviolet licht.

Uit een Duits onderzoek[20], waarbij vrouwen gedurende twee maanden dagelijks 30 milligram bètacaroteen kregen voordat zij hun lichaam aan de zon blootstelden, blijkt dat het aantal Lagerhandcellen, die een belangrijk onderdeel van het immuunsysteem van de huid vormen, bij hen was toegenomen. En dat zin hierdoor beter beschermd waren tegen het zonlicht dan een controlegroep.

Harald Gaier, columnist van *Wat artsen je niet vertellen*, adviseert een

ieder die ouder is dan negen jaar om dagelijks een supplement van 7500
ie vitamine A in te nemen. Hiermee kun je het beste beginnen op de
avond voordat je jezelf voor het eerst aan de zon blootstelt. Zodra je
huid aan de zon gewend is geraakt, kun je de pillen laten staan. Om
jezelf tegen de schadelijke effecten van ultraviolet licht te beschermen,
kun je vitamine E en andere antioxidanten, zoals selenium en vitamine
C, innemen.

Twee holistische benaderingen
Patrick Kingsley
De effectiviteit van de behandeling van dr. Patrick Kingsley is, voor een
groot deel, te danken aan een combinatie van hoge doses intraveneuze
vitamine C en zuurstoftherapie, waarbij gebruik wordt gemaakt van
waterstofperoxide. Daarnaast blijken voedingsaanpassingen van vitaal
belang voor versterking van de natuurlijk afweer. Patiënten wordt geadviseerd om *junk food*, geraffineerde koolhydraten, thee, koffie, melk en
zuivelproducten, bepaalde granen, met name tarwe, en gist te vermijden. In plaats daarvan, zo zegt dr. Kingsley, is het raadzaam om sojaproducten, groente en fruit te eten. Vanwege bewezen antioxidante
effecten, zijn met name producten die tot de kruisbloemige familie
behoren, zoals broccoli en bloemkool, een goede keuze. Dieetaanpas-
singen dien je evenwel langzaam door te voeren, om zo min mogelijk
stress te veroorzaken.

Voedingssupplementen, onder meer dagelijks tien gram vitamine C
in poedervorm, een mix van antioxidanten en zeven tot tien gram van
het kruid *echinacea* – ter versterking van het immuunsysteem, maken
het dieet compleet. Tevens is dr. Kingsley ervan overtuigd, dat koffieklysma's nuttig zijn om de lever en de dikke darm te stimuleren tot de
uitscheiding van giftige stoffen die zich in de organen ophopen.

Van het succes van zijn benadering, getuigen de patiënten van dr.
Kingsley. Van een zelfhulpgroep van 36 kankerpatiënten die zijn advie-
zen hebben opgevolgd, als op zichzelf staande behandeling, of als aanvulling op andere behandelmethoden, zegt twee derde – 24 patiënten –
geheel of aanmerkelijk te zijn hersteld. Bij vier patiënten trad na een

periode van herstel weinig tot geen verbetering meer op, van twee patiënten ging de gezondheid verder achteruit en bij zes anderen was er geen sprake van merkbare verandering. Deze cijfers zijn representatief voor zijn behandelingen, zegt dr. Kingsley.

Nicholas Gonzalez

Dr. Nicholas Gonzalez, een immunoloog met een eigen praktijk in New York, heeft de theorieen van dr. William Kelley geadopteerd na analyse van de medische gegevens van 455 patiënten van dr. Kelly, die in totaal aan meer dan 26 verschillende vormen van kanker leden. Hij stelde vast dat vele patiënten, die door orthodoxe artsen waren opgegeven, vijf, tien of vijftien jaar na de behandeling van Kelley nog in leven waren, terwijl de prognose voor deze vorm van kanker in de conventionele geneeskunde luidt dat een patiënt binnen drie tot zes maanden komt te overlijden.

Dr. Gonzalez behandelt patiënten met kanker in een vergevorderd stadium, en gaat er daarbij vanuit dat niet zozeer het immuunsysteem, maar de pancreas de belangrijkste rol speelt bij de controle van kanker. Hij adviseert zijn patiënten om, afhankelijk van de soort kanker, één van tien verschillende diëten te volgen, variërend van een vegetarisch dieet tot een dieet op basis van vlees. Elk type bevat evenwel uitsluitend verse biologisch verantwoorde producten. Tevens krijgen zij een grote hoeveelheid supplementen en enzymen van de alvleesklier, waarvan wordt verondersteld dat ze kankercellen aanvallen en elimineren. Tenslotte dient dr. Gonzalez hun bepaalde stoffen uit rundvlees, klieren en substanties ter bevordering van de spijsvertering toe, en wordt hun lichaam gereinigd, met name door middel van koffieklysma's.

In navolging van dr. William Kelley behaalt dr. Gonzalez indrukwekkende resultaten met deze behandelmethoden. Vele van zijn patiënten, voor wie hij de laatste hoop was, zijn jaren na het door andere artsen uitgesproken doodsvonnis nog in leven.

Noten

Hoofdstuk 1

1   New Canaan, Conn: Keats, 1988
2   Journal of American Medical Assistants, 21 juli 1993
3   The Bitter Pill, Elm Tree Books, 1985
4   The Lancet, oktober 1983
5   Journal of American Medical Assistants, 8 maart 1995
6   Journal of American Medical Assistants, 15 maart 1995
7   The Lancet, 1993; 341: 234
8   New England Journal of Medicine, 22 september 1994; 331: 771-6
9   British Medical Journal, 17 februari 1990
10 Journal of American Medical Assistants, 1996; 276: 1404-08
11 British Medical Journal, 1996; 313: 687
12 Journal of American Medical Assistants, 28 april 1993
13 The Lancet, 1996; 348: 331
14 British Medical Journal, 1996; 313: 337-340
15 Preventing Breast Cancer, door dr John Gofman, Committee for Nuclear Responsibility, San Francisco, Californië
16 Journal of American Medical Assistants, 2 augustus 1995
17 Journal of American Medical Assistants, 13 maart 1991
18 NAS - National Research Council, Health Effects of Exposure to Low Levels of Ionizing Radiation, Washington DC: National Academy Press
19 Health Shock, Prentice Hall, 1982
20 Int J Cancer, 1990; 46: 362-65; British J of Cancer, 1990; 62: 152-68
21 Medicine on Trial, Pantheon
22 New England Journal of Medicine, 1997; 336: 1041-5
23 The Lancet, 27 januari 1996
24 The Lancet, 20 februari 1993
25 New England Journal of Medicine, 1997; 336: 897-904
26 Journal of American Medical Assistants, 3 januari 1996
27 The Lancet, 1996; 348: 49
28 Hypertension, 1996; 28: 321-4
29 Journal of the National Cancer Instute, 1998; 90: 1440-50
30 Los Angeles Times, 26 december 1989
31 Cent Eur J Public Health, 1997; 5: 127-30
32 J Dent Res, 1998; 77: 1896-903; Acta Otolaryngol Suppl (Stockholm), 1998; 535: 1-16
33 Cancer Detect Prev, 1998; 22: 533-9
34 EPA/699/3-90//003 januari 1990
35 J Pesticide Reform, Spring, 1988: 29

36 American Journal of Epidemiology, 1979; 109: 309-19

37 Am J Publ Health, 1984; 74: 479-84

38 Toxicol Applied Pharmacol, 1989; 99: 534-43

39 Am J Publ Health, 1984; 74: 479; Environ Health Perspectives, 1985; 62: 313-8

40 The Lancet, 3 februari 1992

41 American Journal of Epidemiology, 1979; 109: 273-84

42 Interaction Mechanisms of Low-level Electromagnetic Fields in Living Systems, R.W.Adey, B Noorden, C Ramel, Oxford: Oxford University Press

43 The Lancet, 1990; 335: 1008-12 en 1336-7

44 American Journal of Epidemiology, 1993; 467-81

45 Cancer Causes Control, 1993; 4: 465-76

46 The Lancet, 23 maart 1990

47 American Journal of Epidemiology, 1991; 134: 340-7; The Lancet, 1990; 336: 1596 en 1992; 339: 1482-3

48 J Nat Cancer Inst, 1994; 86: 921-5

49 Carcinogenesis, 1995; 16: 1199-25

50 J Pineal Research, 1993; 14: 89-97

51 Meteorological Report Series, University of Bergen, Report no 101994,

52 American Journal of Epidemiology, 1996; 143: 841

53 Br J Cancer, 1986; 53: 271-9

54 November 17-21, 1996

55 EMN & VDU News, 1992; 3 (5-6): 6-8

56 Int J of Cancer, 1996; 67: 636-46

57 British Medical Journal, 20 januari 1996

58 British Medical Journal, 9 december 1995

59 World Cancer Research Fund

60 Journal of American Medical Assistants, 2 augustus 1995

61 Eur J Cancer Prev, 1991; 2: 13-20

62 Eur J Cancer Prev, 1997; 6: 415-17

63 Nutri Bull, 1998; 23: 79-83

64 Nutr Res Rev, 1997; 9: 197-239

65 Journal of the National Cancer Institute, 1998; 90: 1687-9; 1724-9

66 Journal of American Medical Association, 22-29 januari 1992

67 British Medical Journal, 1992; 305: 341-46

68 British Medical Journal, 16 mei 1992

69 Townsend Letter for Doctors, februari, maart, 1996

70 Townsend Letter for Doctors, juni 1996

Hoofdstuk 2

1   British Medical Journal, 8 mei 1993

2   The Lancet, 22 juli 1989

3   Moderne Medicine, Can 1973; 28: 6067-9

4   The Lancet, 13 januari 1990

5   Follies and Fallacies in Medicine, James McCormick, Tarragon Press, 1989

6   British Medical Journal, 1988; 297: 18-21
7   The Lancet, 13 januari 1990
8   British Journal of Obstetrics and Gynaecology, maart 1991
9   Journal of American Medical Assistants, 1996: 276: 33-8
10 The Lancet, 1993: 341: 1509-11
11 British Medical Journal, 1993: 336: 1481-3
12 British Medical Journal, 1996: 312: 273-6
13 British Medical Journal, 1991; 302: 1084
14 British Medical Journal, 1991, 302: 1084
15 The Lancet, 1992: 339: 810
16 The Lancet, 6 februari 1993
17 Can Journal of Public Health, 1993: 84: 14-6
18 Ultrasound Med Bio, 1979: 5: 45-9
19 The Lancet, 23 maart 1996; British Medical Journal, 9 maart 1996
20 The Lancet, 1992: 339: 128
21 British Medical Journal, 1991; 303: 924
22 Journal of American Medical Assistants, 6 maart 1991
23 Radiation Med, 1994: 12 (5): 201-8
24 Anticancer research, 1994: 14 (5B): 2249-51
25 Radiologia Medica, 1994: 87: 28-35
26 Zentralblatt fur Gynakologie, 1993: 115: 483-7
27 Radiologia Medica, 1994: 87: 28-35
28 Geburt und Frau, 1994: 54: 432-6
29 Geburt und Frau, 1994: 54: 539-44
30 Ultraschall in der Medizin, 1994: 15: 20-3
31 The Lancet, 1994: 344: 700-1
32 Journal of the American Medical Association, 1995: 273: 289-94
33 Urology: 1996, 47: 511-16
34 Singh et al, British Medical Journal, 1992; 304: 534

Hoofdstuk 3

1   Making the Right Choice, Avery Publishing, Garden City Park, NY,1995
2   Ann Surg, 1986; 204: 480-7
3   Medicinal Hypotheses, 1993;40:129-38
4   The Efficacy of Surgical Treatment of Breast Cancer, Ibid
5   Journal of American Medical Assistents, 4 september 1991
6   The Lancet, 29 november 1969
7   New England Journal of Medicine, 6 april 1995
8   Journal of American Medical Assistents, 25 december 1991
9   New England Journal of Medicine 23 april 1992
10 Journal of American Medical Assistents, 19 augustus 1992
11 British Medical Journal, 22 september 1990
12 The Lancet, 10 augustus 1991
13 The Lancet, 18 november 1995

14 The Lancet, 9 december 1995

15 The Lancet, 9 december 1995

16 Fertil Steril, 1987, 47: 94-100

17 The Lancet, 1982, 2: 795

18 Am J Ob Gyn, 1993, 168: 765-71

19 Fertil Steril, 1987, 47: 94-100

20 Fertil Steril, 1984; 42: 510-4

21 The Immortal Cell, Dr Gerald B Dermer, Avery, 1994

22 Cur Op Onc, 1995; 7:320-4

23 The Lancet, 1994; 343: 495

24 Questioning Chemotherapy, Ralph Moss, Equinox Press, 1995

25 New England Journal of Medicine, 1992, 326; 8: 563

26 New England Journal of Medicine, 25 juni 1992

27 CA-A Cancer Journal for Clinicians, juli-augustus 1990

28 New England Journal of Medicine, 18 juli 1991

29 Cytostatic Therapy of Advanced Epithelial Tumours - A Critique, dr Ulrich Abel, Hippocrates Verlag, Stuttgart

30 The Lancet, 10 aug 1991; Townsend Letter for Doctors, augustus, september 1991

31 The Lancet, 1996; 347: 1066-71

32 Current Op Onc, 1995; 7: 457-65

33 Questioning Chemotherapy, Ralph Moss, Equinox Press, 1995

34 The Immortal Cell, Dr Gerald B Dermer, Avery, 1994

35 Der Spiegel: 1990; 33: 174-6, J Otolaryn, 1995; 24: 242-52

36 British Medical Journal, 28 januari 1995

37 Physician's Desk Reference, 1995

38 Questioning Chemotherapy, Ralph Moss, Equinox Press, 1995

39 British Medical Journal, 1996; 312: 886

40 The Lancet, 13 april 1991

41 New England Journal of Medicine, 21 maart 1996

42 RCS Pointon, ed, Radiotherapy in Malignant Disease, Springer-Verlag, New York, 1991

43 Int J Rad Onc, Biol, Phys, 1995; 31: 405-10

44 Med Onc, 1994; 11: 121-5

45 Strahl und Onk, 1995; 171: 490-8

46 J Gyn, Obst et Biol Repro, 1995; 24: 9-12

47 Dis Colon & Rec, 1995; 38: 152-8

48 Int J Rad Onc, Biol, Phys, 1995; 32: 1301-7

49 Diag Cyto, 1995; 13: 107-19

50 Int J Rad Onc, Biol, Phys 1995; 32: 1289-300

51 Int J Rad Onc, Biol, Phys, 1995; 31: 1113-21

52 Effects of Radiation on Normal Tissues, Churchill Livingstone, New York, 1993

53 Aus en NZ J Surg, 1995: 65: 732-6

54 Eur J Cancer, 1995; 31A (7-8): 1347-50

55 Strahl und Onk, 1996; 172: 34-8

56 Plastic & Recon Surg, 1995; 96: 1111-5

57 J Wound Ost & Contin Nurs, 1995; 22: 64-7

58 Eur J Canc Care, 1995; 4: 158-65
59 Blood Rev, 1995; 9: 93-116
60 Clin Onc, 1994; 6: 377-80
61 Inter J Rad Onc, Biol, Phys, 1995; 32: 1461-4
62 Int J Rad Onc, Biol, Phys, 1995; 31: 399-404
63 Giorn Ital Di Cardiol, 1995; 25: 877-84
64 Clinic Otol, 1995; 20: 254-7
65 Am J Neuro, 1991; 12: 45-62
66 Childs Nerv Syst, 1995; 11: 340-5
67 Am J Oto, 1994; 15: 772-80
68 Eur J Can, 1994; 30A: 1459-63
69 J Bone & Jt Srg (Brit vers): 1995; 77: 847-52
70 Ann Surg, 1994; 220: 676-82
71 Eur J Canc Care, 1995; 4: 158-65
72 The Immortal Cell, Dr Gerald B Dermer, Avery, 1994
73 The Immortal Cell, Dr Gerald B Dermer, Avery, 1994
74 Journal of American Medical Assistents, 1995; 274: 4; 291
75 The Lancet, 9 december 1995
76 New England Journal of Medicine, 7 september 1995

Hoofdstuk 4
1   Paper presented at the Fifteenth International Congress of Chemotherapy, Turkije, 1988
2   D Adam, ed, Recent Advances in Chemotherapy, Futuramed Publishers, 1992
3   The Cancer Chronicles, 1994; 5 (2): 3
4   Govallo, The Immunology of Pregnancy and Cancer
5   The Lancet, 1990; 336: 667-8
6   Alt Thera, 1995; 1: 29-37
7   J Nat Med, 1994; 5: 745-6
8   Cancer Surv, 1989; 8: 713-23; Prog Clin Biol Rs, 1983; 107: 687-96
9   het Kushi Institute Brookline, Massachusetts
10 Ophthal, 1979; 179: 52-61
11 Ophthal, 1979; 178: 198-203
12 Clinical Oncology, 1981; 7: 281-9
13 Clinical Oncology, 1975; I: 341-50
14 The Lancet, 1974; i: 132)
15 The UnMedical Miracle – Oxygen Delwood Communications, PO Box K, Indianola, WA
    98342
16 J Interferon Research, 1983; 3 (2): 143-51
17 American Journal of Cardiology, 1993; 52: 673-5
18 Twenty-second Congress of the EDTA-European Renal Association, 1985; 22: 1233-37
19 American Journal of Surgery, 1964; 108: 621-29
20 Sci Am, 1976; 234: 58-64
21 Proc Natl Acad Sci USA, 1980; 77: 4331-5
22 J Pharm Sci, 1977; 66: 757-8

23 Proc Natl Acad Sci USA, 1980; 77: 4331-5

24 V T DeVita, et al, Cancer Principles & Practice of Oncology, Lippincott-Raven, 1997

25 Townsend Letter for Doctors and Patients, april 1997: 26

26 Tohoku J Exper Medi, 1985; 146: 97-104

27 Inter Clin Nutr Review, 1987; 7 (1): 11-20

28 Renal failure, 1991; 13: 1-4

29 Cancer Therapy, Equinox press, 1995

30 Choice, 1977; 3 (6): 8-9

31 Pediatrics, 1986; 78: 269-72

32 Journal of the National Cancer Institute, 15 september 1993

33 New England Journal of Medicine, 1986; 314: 1226-32

34 New England Journal of Medicine, 22 juli 1993

35 J Oral Maxillofac Surg, april 1992

36 Am J Clin Nutr, januari 1991

37 Healing Your Body Naturally, Bary Null, Four Walls Eight Windows, 1992

38 New England Journal of Medicine, 14 april 1994

39 New England Journal of Medicine, 14 april 1994

40 Townsend Letter for Doctors, december 1995

41 Ross Pelton and Lee Overholder, Alternatives in Cancer Therapy, Fireside, 1994

42 Epidemiology, 1991; 2: 325-57

43 Am J Clin Nutr, december 1991

44 Am J Clin Nutr, December 1991

45 Proc Natl Acad Sci, 1976; 73: 3685-9

46 Proc Natl Acad Sci, 1978; 75: 4538-42

47 J Int Acad Prev Med, 1979; 6: 21-7

48 J Ortho Med, 1990; 5: 143-54

49 J Oral Pathol Med, februari 1990

50 Int J Cancer, 1990; 45: 896-901

51 American Journal of Epidemiology, 1992; 135: 1083-92

52 J Natl Cancer Inst, 6 januari 1993

53 J Natl Cancer Insti, 1990; 82: 864-868

54 Cancer Res, 1 mei en 15 okt 1992

55 Nutrition, sept -okt 1992

56 Epidemiology, 1991; 2: 325-57

57 British Homeopathic Journal, 1993; 82: 179-85

58 British Homeopathic Journal, 1986; 75 (2): 96-101

59 British Homeopathic Journal, 1983; 72: 99-103

60 J Chemotherapy, 1996; 8: 144-6

61 Japan Cancer Res, 1989; 80: 503-5

62 Journal of the National Cancer Institute, 1975; 55: 597-602

63 J Med Chem, 1972; 15: 619-23

64 Journal of the National Cancer Institute, 1952; 13: 139-55

65 Lloydia, 1976; 39: 223-4

66 Acta Phys Chem, 1964; 10: 91-3; Tumori, 1966; 52: 173

67 Mutat Res, 1984; 129: 25-31

68 Cancer Treat Rep, 1985; 69: 533-7

69 Brit J Cancer, 1990; 62: 436-9

70 Anti Cancer Res, 1991; 11: 1077-81

71 Cancer Res, 1988; 48: 1410-5

72 Cancer Res, 1990; 50: 1867-72

73 Journal of the National Cancer Institute, 1989; 81: 1024-8

74 Oncology, 1986: 43 (suppl 1): 51-6

75 Onkologie, 1979; 2 (1): 28-36

76 Pelton and Overholser, Alternatives in Cancer Therapy, Fireside, 1994

77 Arzneimittel-Forschung, 1995; 45: 910-3

78 Cancer, 1995; 76: 743-9

79 Ther Res, 1994; 15: 487-500

80 Cancer Therapy, Ralph Moss, Equinox Press, 1995

Hoofdstuk 5

1 Erfahrungsheilkunde, 1996; 45: 64-72

2 Int J Cancer, 1990; 45: 899-901

3 American Journal Clinical Nutrition, 1989; 50: 861-7

4 British Medical Journal, 1989; 289: 1468-9

5 New England Journal of Medicine, 1988; 319: 1047-52

6 Tohoku J Experimental Medicine, 1985; 146: 97-104

7 J Orthomol Med, 1989; 4 (2): 59-69

8 Supp Care Cancer, mei 1995

9 Cancer, 1994; 73: 699-701

10 Tumori, 31 december 1993

11 Oncology, 1992; 49 (5): 336-9

12 J Biol Response Modifiers, 1985; 4: 583

13 Am J Nutri, 1991; 53: 31 en 54: 1093-1000

14 Int J Cancer 1982; 29: 611-616

15 The Lancet 1993; 342: 1209-10

16 Cancer, 1989; 64: 589-604 en Am J Clin Nut, 1990; 51: 365-70

17 Journal of Endocrinology, 1993; 136: 357-60

18 Am J Epidemiol, 1989; 129: 112-24

19 Nutr Cancer, 1987; 9: 123-28

20 Eur J Derm, 1996: 200-5

Blijf op de hoogte van belangrijke medische ontwikkelingen

Elke week wordt er wel een nieuw geneesmiddel gepresenteerd en vrijwel dagelijks verschijnt een belangrijk medisch onderzoek. Daarom publiceert *Lynne McTaggart*, de auteur van dit boek, ook een maandelijks nieuwsbulletin. Deze nieuwsbrief **Medisch Dossier: Wat artsen je niet vertellen** houdt u op de hoogte van de vaak ingrijpende veranderingen op onderzoeks- en wetenschappelijk gebied. Maandelijks worden de laatste ontwikkelingen op het gebied van een ziekte of een bepaalde therapie aan diepgaand onderzoek onderworpen. Wat is de beste behandeling? Wat zijn de gevaren? Wat werkt? De nieuwsbrief behandelt verder vragen van lezers en brengt het laatste medische nieuws dat voor u van belang is. Met andere woorden: dit boek heeft een maandelijks vervolg met voor uw gezondheid vitale informatie.

Als u meer wilt weten:

Medisch Dossier: Wat artsen je niet vertellen
Postbus 2402 of Antwoordnummer 2402
3000 CK Rotterdam of 3016 CJ Rotterdam
Telefoon: (010) 4365380